D1534776

Treasury of Classic
Spanish Love Short Stories

Bilingual Love Stories from Hippocrene

Treasury of Classic French Love Short Stories
in French and English

Treasury of Classic Polish Love Short Stories
in Polish and English

Treasury of Classic Russian Love Short Stories
in Russian and English

Treasury of Classic Spanish Love Short Stories
in Spanish and English

HIPPOCRENE BOOKS, INC.
171 Madison Avenue
New York, NY 10016

Treasury of Classic Spanish Love Short Stories

in Spanish & English

Edited by
Bonnie May

HIPPOCRENE BOOKS
New York

For information, address:
HIPPOCRENE BOOKS, INC.
171 Madison Avenue
New York, NY 10016

Library of Congress Cataloging-in-Publication Data

Treasury of classic Spanish love short stories / edited by Bonnie May.
     p.   cm
English and Spanish.
ISBN 0-7818-0512-0
   1. Short stories, Spanish—Translations into English. 2. Love
stories,   Spanish—Translations   into   English.   3. Spanish
fiction—Translations into English.   I. May, Bonnie.
PQ6267.E8T74   1997
863'.01083543—dc21   97-15375
                                             CIP

CONTENTS

Jorge de Montemayor 8
 "The Abencerraje and Fair Xarifa" *(abridged)*
 From *The Seven Books of La Di*ana *(1561)*; translated by
 Bartholomew Yong (1598); modified by Bonnie May

Gustavo Adolfo Bécquer 46
 "The Moonbeam" *(1862)*
 From *Legends*; Translated by Robert M. Fedorchek

Emilia Pardo Bazán 76
 "Dream Story" *(1898)*
 Translated by Bonnie May

Miguel de Unamuno 86
 "A Story of Love" *(1911)*
 Translated by Bonnie May (Abridged)

Miguel de Cervantes Saavedra 124
 "The Wedding of Camacho"
 From *The Ingenious Gentleman Don Quixote de la Mancha*
 (1615); Motteux Translation, Modified, Part II.19-21
 (Abridged)

Treasury of Classic
Spanish Love Short Stories

Jorge de Montemayor
"El abencerraje y la hermosa Jarifa"

*H*ubo en un tiempo del valeroso infante don Fernando, un caballero en España llamado Rodrigo de Narváez que alcanzó nombre muy principal entre todos los de su tiempo, dando a entender en muchas empresas y hechos de armas una liberalidad mediante la cual el buen capitán no sólo es estimado de su gente, más aún la ajena hace suya. A cuya causa mereció que después de ganada la ciudad de Antequera, en recompensa se le dio la alcaldía y defensa de ella. Y junto a esto se le dio también la de Alora. Pues como su ánimo fuese tan enemigo de la ociosidad, y el ejercicio de las armas fuese tan acepto al corazón del valeroso alcaide, una noche del verano, el alcaide, con nueve de sus caballeros, armados a punto de guerra, se salieron de Alora, por ver si los moros, sus fronteros, se descuidaban.Pues yendo los nueve caballeros y su capitán valeroso con todo el secreto posible, y a donde el camino por do iban se repartía en dos, acordaron de repartirse cinco por cada uno, con tal orden que si los unos se viesen en algún aprieto, tocando una coroneta serían socorridos de los otros. Y el partido de cinco caballeros, yendo

Jorge de Montemayor
"The Abencerraje and Fair Xarifa"

*I*n the time of the Valiant Prince Don Fernando lived a knight in Spain called Rodrigo of Narvácz, who obtained a principal name among his fellow men, showing by his great enterprise and martial feats a kind of liberality whereof a good captain is not only esteemed of his own soldiers, but also of his enemies. In regard of which worthy service he was rewarded after the subduing of that country with the regiment of Antequera and Alora. His mind therefore being so great an enemy to idleness and the exercise of arms so agreeable to him, it fell out that upon a certain summer's night, Rodrigo, with nine of his knights, armed at all points, went out of Alora to surprise the Moors that lay on their frontiers. The valiant Captain therefore going on with his gentlemen as secret as he might, came to a way that parted into two, and consulting to divide themselves into two companies of five apiece, they agreed that if the one company perceived themselves to be in any danger, by sounding a coronet they might be aided by the other five. And riding each company apart, the one heard not far from them a man's

por el camino, oyeron no muy lejos de sí una voz de hombre que suavísimamente cantaba, y de cuando en cuando daba un suspiro, que del alma le salía, en el cual daba muy bien a entender que alguna pasión enamorada le ocupaba el pensamiento. Los caballeros que esto oyeron, se meten entre una arboleda que cerca del camino había, y como la luna fuese tan clara que el día no le era más, vieron venir por el camino donde ellos iban un moro tan gentil hombre y buen tallado, que su persona daba bien a entender que debía de ser de gran linaje y esfuerzo. Traía una adarga en el brazo izquierdo, muy grande, y en la derecha mano una lanza de dos hierros. Con tan gentil aire y continente venía el enamorado moro, que no se podía más desear, y advirtiendo a la canción que decía, oyeron que el romance (aunque en arábigo lo dijese) era de amores.

Los cinco caballeros, que quizá de las pasiones enamoradas tenían poca experiencia, o ya que la tuviesen tenían más ojo al interés que tan buena presa les prometía que a la enamorada canción del moro, saliendo de la emboscada, dieron con gran ímpetu sobre él; mas el valiente moro, que en semejantes cosas era experimentado (aunque entonces el amor fuese señor de sus pensamientos), no dejó de volver sobre sí con mucho ánimo, y con la lanza en la mano, comienza a escaramuzar con todos los cristianos, a los cuales muy en breve dio a conocer que no era menos valiente que enamorado. Él los puso en tanta necesidad que derribando a tres, los otros dos acometían con grandísimo ánimo, y no era menester poco, según el valiente adversario que tenían;

voice sweetly singing, and now and then breathing out a profound sigh, whereby they conjectured that some amorous passion did trouble his thoughts. The horsemen that heard this rode into a little wood hard by the way, and because the moon did shine as clear as day they could perceive a Moor coming that way they went, so gallant and comely a gentleman that his personage did well testify of his noble blood and singular valor. He carried a great shield on his left arm and in his right hand a two-pointed lance, and with so goodly grace and countenance came the enamored Moor that they could not wish to see a better sight. And giving attentive ear to his song, they heard that the song (in the Arabic tongue), was of love.

The five horsemen, who had perhaps but small experience in amorous passions, or whether they had or no, regarded more the honor so brave an adventure did promise than the song of the enamored Moor. They issued out of the wood and ran with great violence upon him, but the valiant Moor, who in like assaults was a tried champion (though love at that time was lord of his thoughts), was not a whit dismayed, and couching his lance, began with great courage to skirmish with them all, making them immediately know he was no less valiant than amorous. He drove them to such a narrow straight that, casting three of them to the ground, the other two set very fiercely upon him, who themselves needed to use above their ordinary strength against so valiant an adversary, for though he was wounded in one of his thighs, yet his strength and courage was not of such a temper that mortal wounds could daunt his mind. At this hour a squire

porque, puesto caso que anduviese herido en un muslo, aunque no de herida peligrosa, no era su esfuerzo de manera que aun las heridas mortales le pudiesen espantar. A esta hora, uno de los dos escuderos tocó el cuerno, y él se vino a ellos y los traía de manera que si a aquella hora el valeroso alcaide no llegara, llevaran el camino de los tres compañeros que en el campo estaban tendidos. Pues como el alcaide llegó y vido que valerosamente el moro se combatía, túvole en mucho, y deseó en extremo probarse con él, y muy cortésmente le dijo:

—Por cierto, caballero, no es vuestra valentía y esfuerzo de manera que no se gane mucha honra en venceros, y si ésta la fortuna me otorgase no tendría más que pedirle.

Y diciendo esto, hizo apartar los suyos y la escaramuza entre los dos valientes caballeros comenzó. El valeroso Narváez deseaba la victoria, porque la valentía del moro le acrecentaba la gloria que con ella esperaba. Y así andaban los dos tan ligeros en el herirse y tan osados en acometerse, que si el cansancio pasado y la herida que el moro tenía no se lo estorbara, con dificultad hubiera el alcaide victoria de aquel hecho. El moro se esforzó cuanto pudo y poniéndose sobre los estribos, dio al alcaide una gran lanzada por encima de la adarga. El cual recibido aquel golpe, le respondió con otro en el brazo derecho, y atreviéndose en sus fuerzas si a brazos viniesen, arremetió con él, y con tanta fuerza le abrazó que, sacándolo de la silla, dio con él en tierra, diciendo:

—Caballero, date por mí vencido, si más no estimas serlo, que la vida en mis manos tienes.

—Matarme —respondió el moro— está en tu mano, como

sounded his coronet, but the Moor in the meantime so fiercely assailed them that if the valiant Governor had not come, they had kept company with their other three companions that lay hurt on the ground. But then the Governor was come, and seeing how valiantly the Moor did fight, he made great account of him, and having an eager desire to prove his manhood with him, said unto him:

"Such is your noble and rare strength, brave Knight, that by overcoming you, there cannot be but great honor and glory got, if gentle Fortune would but grant me it."

And saying this, he bade his men stand aside, and a hot fight ensued. The magnanimous Narváez desired the victory because the valor of the Moor increased the glory that he hoped to get by it. And so they belayed about, passing active and nimble in lending blows, and so hardy in assailing each other's person that had it not been for the weariness and wound that the Moor had, with great difficulty had the Governor got the victory. The Moor reenforced himself with all his might, and standing upright in his stirrups, gave the Governor a dangerous thrust which he received upon his shield, who himself was not slack in answering another upon the right arm, and trusting to his strength, if the matter came to grips, at last he ran in and closed with him and with such force shook him, that casting him out of his saddle, he also fell with him to the ground, saying:

"Yield yourself, Knight, if you make any account of your life, which is now in my hands."

"It is in your hands," said the Moor, "to kill me as you say, but fortune shall never allow me to be overcome by any

dices; pero no me hará tanto mal la fortuna que pueda ser vencido sino de quien mucho ha que me he dejado vencer, y este solo contento me queda de la prisión a que mi desdicha me ha traído.

No miró el alcaide tanto en las palabras del moro, que por entonces le preguntase a qué fin las decía; mas usando de aquella clemencia que el vencedor valeroso suele usar con el desamparado de la fortuna, le ayudó a levantar, y él mismo le apretó las llagas, las cuales no eran tan grandes que le estorbasen a subir en su caballo, y así todos juntos con la presa tomaron el camino de Alora. El alcaide llevaba siempre en el moro puestos los ojos, pareciéndole de gentil talle y disposición, y queriéndose informar mejor de la causa de las quejas del moro, le dijo:

—Caballero, no me parece que estos suspiros corresponden al valor y esfuerzo que tu persona ha mostrado, ni las heridas son tan grandes que se aventura la vida. Pues si otra ocasión te da tristeza, dímela; que por la fe de caballero te juro que use contigo de tanta amistad que jamás te puedas quejar de habérmelo dicho.

El moro, oyendo las palabras del alcaide, parecióle discreción my grande no encubrille la causa de su mal, pues sus palabras le daban tan grande esperanza de remedio, y alzando el rostro, le dijo:

—¿Cómo te llamas, caballero, que tanto esfuerzo me pones y sentimiento muestras tener de mi mal?

—Esto no te negaré yo —dijo el alcaide—; a mí me llaman

but by whom I have long since suffered myself to be conquered. And this sole content remains to me of the prison whereunto my misfortune has now brought me."

The Governor did not then mark the Moor his words, nor to what end he spoke them, but using the mercy that the valiant conqueror is wont to use with the forlorn man of Fortune, he helped him rise up and bound up his wounds, which were not so grave that he might not get upon his horse, and so all of them with their prisoner took the way home to Alora. The Governor did continually cast an eye on the Moor, whom he thought a goodly man and gracious of visage. And also desirous to know more of the Moor's sighs and sorrow, he said unto him:

"Behold, Sir Knight, these sighs are not, methinks, beseeming that valor and courage which you have shown, neither are your wounds so mortal that your life is in hazard. If there be any other occasion of your heaviness, tell me, for by the faith of a gentleman, I swear that I will use as much friendship towards you that you shall not have occasion to regret having told me."

The Moor, hearing the Governor's gentle speech, thought it no point of wisdom to conceal the cause of his grief from him, for by his mild words he had such great hope of help and favor, that lifting up his face he said:

"How are you called, Sir Knight, who comforts me in my sadness, which you enforce me to tell you?"

"My name is Rodrigo of Narváez, and Governor I am of Alora and Antequera, of which towns the King of Castille has appointed me Governor."

When the Moor heard this, with a merrier countenance than before he said:

Rodrigo de Narváez, soy alcaide de Alora y Antequera; tengo aquellas dos fuerzas por el rey de Castilla, mi señor.

Cuando el moro le oyó esto, con un semblante algo más alegre que hasta aquí, le dijo:

—En extremo me huelgo que mi mala fortuna traiga un descuento tan bueno, como es haberme puesto en tus manos, de cuyo esfuerzo y virtud muchos días ha que soy informado. Y porque ser vencido de ti me obliga a tenerme en mucho, suplícote por quien eres que mandes apartar tus caballeros, para que entiendas que no el dolor de las heridas, ni la pena de verme preso, es causa de mi tristeza.

El alcaide, oyendo estas razones al moro, túvole en mucho, y mandó a sus caballeros que fuesen algo delante, y quedando solos los dos, el moro, sacando del alma un profundo suspiro, dijo de esta manera:

—Valeroso alcaide: si la experiencia de tu gran virtud no me la hubiese el tiempo puesto delante de los ojos, muy excusadas serían las palabras que tu voluntad me fuerza a decir. Quiero que sepas que a mí me llaman Abindarráez el Mozo, a diferencia de un tío mío, hermano de mi padre, que tiene el mismo apellido. Soy de los abencerrajes de Granada, en cuya desventura aprendí a ser desdichado; y porque sepas cuál fue la suya, y de ahí vengas a entender lo que se puede esperar de la mía, sabrás que hubo en Granada un linaje de caballeros llamados abencerrajes; sus hechos y sus personas, así en esfuerzo para la guerra como en prudencia para la paz y gobierno de nuestra república, eran el espejo de aquel reino. Los viejos eran del consejo del rey, los mozos ejercitaban sus

"I am glad that my misfortune has been so fortunate to make me fall into your hands, of whose strength and manhood I have been long since informed. And because the subduing of my person obliges me to esteem you the more, I pray you, by who you are, to command your gentlemen to ride on before, so that you may know that neither the pain of my wounds nor the grief of my present captivity is cause of my heavy thoughts."

The Governor, hearing these words, made greater reckoning of the Moor, and willed his gentlemen to ride on before, and they coming on fair and softly behind, the Moor, fetching a profound sigh from his soul, began thus to say:

"If the experience of your great virtues, most valiant Governor, had not today been placed manifestly before mine eyes, these words, which your will enforces me to relate, should now be meaningless. Know that my name is Abindarráez the Younger, in difference of an uncle of mine, my father's brother, who is also called so. Descended I am from the noble house of the Abencerrajes in Granada, by whose unlucky destinies I did come to be unfortunate. And so you may know what theirs was, and by them better conjecture what may be expected of mine, know that in Granada was a noble lineage of knights called Abencerrajes, whose deeds and personages, in martial adventures as in the peaceable and wise government of our commonwealth, were the exemplars of that kingdom. The old men were of the King's council; the young gentlemen exercised themselves in feats of arms in the service of Ladies, showing in every point their valor. They were honored of the common folk, and well-beloved among the high born; so also were they

personas en actos de caballería, sirviendo a las damas y mostrando en sí la gentileza y valor de sus personas. Eran muy amados de la gente popular, y no malquistos entre la principal. Eran muy estimados del rey; nunca cometieron cosa en la guerra ni el consejo que la experiencia no correspondiese a lo que de ellos se esperaba. Pues estando ellos en esta prosperidad y honra y en la reputación que se puede desear, vino la fortuna, envidiosa del descanso y contentamiento de los hombres, a derriballos de aquel estado en el más triste y desdichado que se puede imaginar, cuyo principio fue haber el rey hecho cierto agravio a dos abencerrajes, por donde les levantaron que ellos, con otros diez caballeros de su linaje, se había conjurado de matar al rey y dividir el reino entre sí, por vengarse de la injuria allí recibida. Esta conjuración, ora fuese verdadera, o que ya fuese falsa, fue descubierta antes que se pusiese en ejecución, y fueron presos y cortadas las cabezas a todos, antes que viniese a noticia del pueblo, el cual sin duda se alzara, no consintiendo en esta justicia. De todo aquel linaje no quedó hombre que no fuese degollado aquel día, salvo mi padre y un tío mío, los cuales se halló que no habían sido en esta conjuración. Resultó más de este miserable caso derriballes las casas; apregonallos el rey por traidores; confiscalles sus heredades y tierras, y que ningún abencerraje más pudiese vivir in Granada, salvo mi padre y mi tío, con condición que si tuviesen hijos, a los varones enviase luego en naciendo a criar fuera de la ciudad, para que nunca volviesen a ella; y

highly esteemed of the King. They did never any thing in war abroad nor in council at home that was not correspondent to their character. They living therefore in as great prosperity, honor, and reputation that might be, Fortune, an enemy to the rest and contentment of happy men, came to cast them down from that joyful estate to a most unfortunate and grievous condition. The beginning whereof was that the King having done a certain injury to two Abencerrajes, they made an insurrection wherein with ten gentlemen more of their kindred they conspired to kill the King and to divide the kingdom amongst themselves and so be revenged of the disgrace. This conspiracy (whether it was true or false) was discovered before it could be put in practice and they were apprehended and condemned to die before the citizens had knowledge thereof, for without all doubt they would have risen up not consenting to that justice. Of all that house and lineage there remained not one man alive that was not beheaded that day except my father and my uncle, who were not found complices in that conspiracy. Yet more ills befell them: their houses were ruined, they were proclaimed traitors to the King, their goods, lands, and possessions confiscated, and no Abencerraje could live any longer in Granada, except my father and my uncle, with this condition: if they had any issue, they should send the men children, from birth, to be brought up out of the city, never to return again, and if they were women, and marriageable, to be married out of the realm."

When the Governor heard the strange discourse of Abindarráez and the terms wherewith he complained of his misfortune, he could scarce stay his tears, that with them he

que si fuesen hembras, que siendo de edad, las casasen fuera del reino.

Cuando el alcaide oyó el extraño cuento de Abindarráez y las palabras con que se quejaba de su desdicha, no pudo tener sus lágrimas, que con ellas no mostrase el sentimiento que de tan desastrado caso debía sentirse. Y volviéndose al moro le dijo:

—Por cierto, Abindarráez, tú tienes grandísima ocasión de sentir la gran caída de tu linaje, del cual yo no puedo creer que se pudiesen hacer tan grande traición; y cuando otra prueba no tuviese, sino proceder de ella un hombre tan señalado como tú, bastaría para yo creer que no podría caber en ellos maldad.

—Esta opinión que tienes de mí —respondió el moro— Alá te la pague, y él es testigo que la que generalmente se tiene de la bondad de mis pasados es esa misma. Pues como yo nasciese al mundo con la misma ventura de los míos, me enviaron (por no quebrar el edicto el rey) a criar a una fortaleza que fue de cristianos, llamada Cártama, encomendándome al alcaide de ella, con quien mi padre tenía antigua amistad, que tenía una hija, la cual es el mayor bien que yo en esta vida tengo. Con ésta me crié desde niño, porque también ella lo era, debajo de un engaño, el cual era pensar que éramos ambos hermanos, porque como tales nos tratábamos y por tales nos teníamos, y su padre, como a sus hijos nos criaba. El amor que yo tenía a la hermosa Jarifa (que así se llama esta señora, que lo es de mi libertad) no sería muy grande si yo supiese decillo: basta haberme traído

should show the grief that for such a disastrous accident could not be but felt. And turning himself to the Moor, said:

"You have good cause, Abindarráez, to be sorry for the fall of your noble house and kindred, whose heads, I think, could never hatch so great a treason. And were it for no other proof but that so worthy a gentleman as yourself came from them, this only were sufficient to show me that they never pretended such wickedness."

"May Allah repay you for this gentle opinion of me," said the Moor, "and may He witness the truth of your perceptions. For since I was born into the world, inheritor of the self-same mishap of my kindred, they sent me (so not to infringe on the King's edict) to be nurtured and brought up in a certain fort, belonging beforetimes to the Christians, called Cártama, committing my care to the Governor thereof, with whom my father had ancient familiarities. He has a daughter, who is my greatest felicity in this life. With her was I brought up from my childhood (for she also was a child) under the false notion that we were brother and sister (for as such were we treated). The love that I did bear Xarifa (for such is the Lady called that is mistress of my liberty) were but little, if I could tell it: let it suffice that I would give a thousand lives (if I had them) but to enjoy one momentary sight of her fair face. Every day increased our age, but every hour augmented our love, so much that I believed I was of another kind of metal than consanguinity. I remember that Xarifa, being one day in the orchard of the jasmines, dressing her fair head, I espied her, amazed at her singular beauty, and it grieved me that she was my sister. And without thinking more, I went

a tiempo que mil vidas diera por gozar de su vista sólo un momento. Iba cresciendo la edad, pero mucho más crecía el amor y tanto que ya parescía de otro metal que no de parentesco. Acuérdome que un día, estando Jarifa en la huerta de los jazmines componiendo su hermosa cabeza, mírela, espantado de su gran hermosura; no sé cómo me pesó de que fuese mi hermana. Y no aguardando más, fuime a ella, y con los brazos abiertos, ansí como me vio, me salió a recebir, y sentándome en la fuente junta a ella, me dijo:

—Hermano, ¿cómo me dejaste tanto tiempo sola?

Yo le respondía:

—Señora mía, gran rato ha que os busco, y nunca hallé quien me dijese dónde estabais, hasta que mi corazón me lo dijo; mas decidme agora: ¿qué certedad tenés vos de que somos hermanos?

—Yo no otra —dijo ella— más del grande amor que os tengo, y ver que hermanos nos llaman todos y que mi padre nos trata a los dos como a hijos.

—Y si no fuéramos hermanos —dije yo—, ¿quisiérades me tanto?

—¿No veis —dijo ella— que a no ser no nos dejarían andar siempre juntos y solos, como nos dejan?

—Pues si este bien nos habían de quitar —dije yo—, más vale el que me tengo.

Entonces encendiósele el hermoso rostro, y me dijo:

—¿Qué pierdes tú en que seamos hermanos?

—Pierdo a mí y a vos —dije yo.

to her, who, as soon as she saw me, with open arms came to receive me. And sitting me upon the fountain by her, she said unto me:

"'Good brother, why have you left me so long alone?'

"'It is, sweet Lady,' said I, 'a good while since I sought you in every place and found not any that could tell me where you were, until my heart told me. But tell me now, I pray you, what certainty have you that we are brother and sister?'

"'No other,' said she, 'than of the great love I bear you, and to see how everyone calls us so, and that my father treats us as son and daughter.'

"'And if we were not,' said I, 'would you then love me so much as now?'

"'Can you not see,' said she, 'that we would not be suffered to be continually together and alone if we were not?'

"'But if we were deprived of this joy, that which I feel is a great deal more.'

"At which words her fair face being tainted with a vermillion blush, she said unto me:

"'What could you lose by it, if we were brother and sister?'

"'Myself and you as well,' said I.

"'I understand you not,' said she, 'but methinks being brother and sister it binds us to love one another naturally.'

"'Only your beauty,' said I, 'obliges me to this love, for brotherhood lacks for me such warmth.'

"At which words, blushing for too much boldness, I cast down mine eyes and saw her divine figure in the crystalline fountain so lively represented as if it had been she herself, and in such sort that wheresoever she turned her head, I full

—No te entiendo —dijo ella—; mas a mí parésceme que ser hermanos nos obliga a amarnos naturalmente.

—A mí —dije yo— sola vuestra hermosura me obliga a quereros; que esta hermandad antes me resfría algunas veces.

Y con esto, bajando mis ojos de empacho de lo que dije, vila en las aguas de la fuente tan al propio como ella era, de suerte que adoquiera que volvía la cabeza hallaba su imagen y trasunto, y la veía verdadera trasladada en mis entrañas. Decía yo entonces entre mí: «Si me ahogasen ahora en esta fuente a do veo a mi señora, cuánto más disculpado moriría yo que Narciso; y si ella me amase como yo la amo, ¡qué dichoso sería yo! Y si la fortuna permitiese vivir siempre juntos, ¡qué sabrosa vida sería la mía!» Levantéme, y volviendo las manos hacia unos jazmines, de que aquella fuente estaba rodeada, mezclándolos con arrayanes, hice una hermosa guirnalda; poniéndomela sobre mi cabeza, me volví coronado y vencido; entonces ella puso los ojos en mí más dulcemente al parecer, y quitándomela la guirnalda la puso sobre su cabeza, pareciendo en aquel punto más hermosa que Venus; y volviendo el rostro hacia mí, me dijo:

—¿Qué te parece de mí, Abindarráez?

Yo le dije:

—Paréceme que acabáis de vencer a todo el mundo, y que os coronan por reina y señora de él.

Levantándome, me tomó de la mano, diciéndome:

—Si esto fuera, hermano, no perdierais vos nada.

Yo, sin responder, la seguí hasta que salimos de la huerta. De ahí algunos días, venimos a saber que el parentesco entre

beheld her image and goodly countenance translated into my very heart. Then I said to myself, 'Oh, if I were now drowned in this fountain, where with pride I behold my sweet Lady, how more fortunate would I die than Narcissus? And if she loved me as I do her, how happy would I be? And if fortune let us live ever together, what a happy life would I then lead?' I rose up, and reaching certain jasmines that grew round about the fountain, I made of them and of some myrtle flowers a fair and redolent garland; putting it upon my head, I sat down again crowned and conquered. Then did she cast her eyes upon me more sweetly (to my thinking) than before, and taking it from my head, did put it upon her own, seeming then more fair than Venus. And looking upon me, she said:

"'How do you like me now, Abindarráez?'

"'Methinks that you have conquered all the world,' said I, 'and it crowns you its queen and lady.'

"Rising out of her place, she took me by the hand, saying:

"'If it were so indeed, brother, you should lose nothing.'

"And so without answering her again I followed her out of the garden. Certain days later we came to know that the kindred between us was nothing, whereupon our affections were confirmed. All my delight was in her, and my soul cut out to the just proportion of hers, so that all that was not in her face seemed to mine eyes foul, frivolous, and unprofitable. It happened that she being one day at the clear fountain of the jasmines, I came thither, and beginning to talk with her, she made me sit down by her, and thus began to say unto me:

nosotros era ninguno, y así quedó la afición en su verdadero punto. Todo mi contentamiento estaba en ella; mi alma, tan cortada a medida de la suya, que todo lo que en su rostro no había me pareció feo, excusado y sin provecho en el mundo. Sucedió que estando ella un día junto a la clara fuente de los jazmines, yo llegué, y comenzando a hablar con ella, me dijo de esta manera:

—Abindarráez, si el amor a que estoy obligada es pequeño o de manera que no pueda acabarse con la vida, yo espero que mis palabras te lo den a entender: de hoy más te puedes tener por tan señor de mi libertad como lo serás no queriendo rehusar el vínculo de matrimonio, lo cual ante todas cosas impide mi honestidad y el grande amor que te tengo.

Yo, que estas palabras oí, haciéndomelas esperar amor muy de otra manera, fue tanta mi alegría que si no fue hincar los hinojos en tierra, besándole sus hermosas manos, no supe hacer otra cosa. Debajo de esta palabra viví algunos días con mayor contentamiento del que yo ahora sabré decir: quiso la ventura, envidiosa de nuestra alegre vida, quitarnos este dulce y alegre contentamiento, y fue de esta manera: que el rey de Granada, por mejorar en cargo al alcaide de Cártama, envióle a mandar que luego dejase la fortaleza y se fuese a Coín, que es aquel lugar frontero del vuestro, y me dejase a mí en Cártama, en poder del alcaide que allí viniese. Sabida esta desastrada nueva por mi señora y por mí, juzgad vos, si en algún tiempo fueses enamorado, lo que podramos sentir. Juntámonos en un lugar secreto a llorar nuestra pérdida y apartamiento. Yo la llamaba señora mía, mi bien solo, y otros

"'If your love, Abindarráez, whereunto I am obliged, is but small, or such that cannot but with extinction of life be ended, I hope I may make you sufficiently know: from this day forth forever you may hold and esteem yourself such a lord and master of my liberty as you shall be if you do not refuse marriage with me, which refusal would be a prejudice to mine honor and to the great love which I bear you.'

"When I heard these words, Love having worked my thoughts to things clean contrary, I conceived such great joy that I was not able to do any other thing but bow my knees to the ground and kiss her fair hand. With the hope of these words I lived certain days in greater joy than I can speak, while mutable Fortune, envying my prosperity and joyful life, bereaved us both of this sweet contentment: for not long after, the King of Granada, minding to prefer the Governor of Cártama some higher charge, commanded him forthwith to yield up the charge of that fort and go to Coín, on the borders of your land, and also to leave me in Cártama under the charge of him that came to be Governor in his place. When I heard this unlucky news for my mistress and my self, judge you, if at any time you have been a lover, what a world of grief we conceived. We went both into a secret place to lament the loss of each other's company. There did I call her my sovereign mistress, mine only joy, my hope, and other names that love did put into my mouth. Weeping, I said:

"'When the view of your rare beauty shall be taken from mine eyes, will you then remember me ever?'

"Here did my tears and sighs cut off my words, and forcing myself to speak more, I uttered I know not what foolish

diversos nombres que el amor me mostraba. Decíale, llorando:

—Apartándose vuestra hermosura de mí, ¿tendréis alguna vez memoria de este vuestro captivo?

Aquí las lágrimas y suspiros atajaban las palabras, y yo, esforzándome para decir más, decía algunas razones turbadas, de que no me acuerdo, porque mi señora llevó mi memoria tras sí. Palabras me dijo ella entonces que no te las quiero decir, valeroso alcaide, porque si tu pecho no ha sido tocado de amor, te parecerían imposibles; y si lo ha sido, verías que quien las oyese no podrá quedar con la vida. Baste que el fin de ellas fue decirme que en habiendo ocasión, o por enfermedad de su padre o ausencia, ella me enviaría a llamar para que tuviese efecto lo que entre los dos fue concertado. Con esta promesa, mi corazón se asosegó algo, y besé las manos por la merced que me prometía. Ellos se partieron luego otro día; yo me quedé como quien camina por unas ásperas y fragosas montañas, y pasándosele el sol, queda en muy oscuras tinieblas: comencé a sentir su ausencia ásperamente, buscando todos los falsos remedios contra ella. Miraba las ventanas donde se solía poner, la cámara en que dormía, el jardín donde reposaba y tenía la siesta, las aguas donde se bañaba; andaba todas sus estancias y en todas ellas hallaba una ciera representación de mis fatigas. Verdad es que la esperanza que me dio de llamarme me sostenía, y con ella engañaba parte de mis trabajos. Quiso mi buena suerte que hoy por la mañana mi señora me cumplió su palabra, enviándome a llamar con una criada suya porque su padre

words unto her, for my dear mistress did utterly carry away my memory. She then did speak such words unto me, which, valiant Governor, I will omit to tell, because you will think them impossible if your breast was never possessed with love. And if it has been, I will omit for fear, lest by hearing some of them you could not, but with hazard of life, stay out to hear the rest. Let it suffice that the end of them was telling me that having any fit occasion, her father's sickness or his absence, she would send for me, so that what was betrothed and agreed upon between us both might have effect. With this promise my heart was somewhat lightened, and for this infinite courtesy I kissed her dainty hands.

"The next day after they went away and I tarried still behind like one wandering upon craggy and wild mountains; and having lost the comfortable light of the sun, I remained in hideous darkness. With great grief I began to feel her absence and sought all the false remedies I could: for sometimes I did cast mine eyes up to the windows where she was wont to look out, sometimes upon the bed where she was accustomed to rest, and sometimes into the garden where she used to disport herself, and to the crystalline fountain where she bathed herself. I went to all her stations and in every one I found a representation of my sorrowful thoughts. Truth it is, that the hope she gave me to send for me eased my pains a little and with it I dissembled some part of my woes. But my good Fortune did so much favor me that this morning my Lady stood to her word by sending for me by a gentlewoman of hers, for her father was gone to Granada, sent for by the King. Awaked with this importune and happy news,

era partido para Granada, llamado del rey. Yo, resucitado con esta improvisa y dichosa nueva, apercibíme luego para caminar. Y dejando venir la noche por salir más secreto y encubierto, púseme en el hábito que me encontraste, el más gallardo que pude, por mejor mostrar a mi señora la ufanía y alegría de mi corazón. Yo iba de Cártama a Coín, breve jornada, aunque el deseo de alargarla mucho, el más ufano abencerraje que nunca se vio; iba llamado de mi señora a ver a mi señora, a gozar de mi señora. Véome ahora herido, captivo y en poder de aquel que no sé lo que hará de mí: y lo que más siento es que el término y coyuntura de mi bien se acabó esta noche. Déjame, pues, cristiano, consolar entre mis suspiros. Déjame desahogar mi lastimado pecho, regando mis ojos con lágrimas; y no juzgues esto a flaqueza, que fuera harto mayor tener ánimo para poder sufrir (sin hacer lo que hago) en tan desastrado y riguroso trance.

Al alma le llegaron al valeroso Narváez las palabras del moro. Y pareciéndole que para su negocio niguna cosa podía dañar más que la dilación, le dijo a Abindarráez:

—Quiero que veas que puede más mi virtud que tu mala fortuna, y si me prometes de volver a mi prisión dentro del tercero día, yo te daré libertad para que sigas tu comenzado camino, porque me pesaría atajarte tan buena empresa.

El abencerraje que aquesto oyó quiso echarse a sus pies, y díjole:

—Alcaide de Alora, si vos hacéis eso, a mí daréis la vida, y vos habréis hecho la mayor gentileza de corazón que nunca

I prepared to go to her; yet staying for night so I might better escape unknown, I did put on this habit, as you see, the bravest I could devise, to better show to my Lady my proud and joyful heart. I came from Cártama to go to Coín, a short journey, although the desire of the proudest Abencerraje that ever lived made it a great deal longer. I went, sent for by my Lady, to enjoy my Lady. But now I see my self wounded, captive, and in subjection to him who will do I know not what with me. And that which grieves me most is that the time and enjoying of my desire ends with this present night. O suffer me then, Christian, to comfort myself with my secret lamentations, let me vacate the sorrow from my breast and water mine eyes with tears: all of which impute not to any weakness, though I would that I had a heart that could suffer this sinistrous chance of fortune than do that which I now do."

The discourse of the enamored Moor pierced deeply into the soul of valiant Narváez, and thinking that for the better dispatch of his affairs, nothing might hinder them more than his long staying, he said:

"I am minded, Abindarráez, to make you know how much my virtue surmounts your ill fortune, for if you will promise me to return to my prison within three days, I will set you at liberty to finish your journey. For it would grieve me to cut off so good an endeavor."

The Abencerraje, hearing this, fell down at his feet and said:

"If you do me this unexpected favor, Governor of Alora, you shall restore me again to life and show the greatest

nadie hizo; de mí tomad la seguridad que quisiéredes por lo que pedís, que yo cumpliré con vos lo que asentare.

—¿Vos prometéis como caballero de venir a mi castillo de Alora a ser mi prisionero dentro del tercero día?

Él le dijo:

—Sí, prometo.

—Pues id con la buena ventura; y si para vuestro camino tenéis necesidad de mi persona o de otra cosa alguna, también se hará.

El moro se lo agradeció mucho, y tomó un caballo que el alcaide le dio, porque el suyo quedó de la refriega herido, y ya iba muy cansado y fatigado de la mucha sangre que con el trabajo del camino le salía. Y vuelta la rienda, se fue camino de Coín a mucha priesa. Rodrigo de Narváez y sus compañeros se volvieron a Alora, hablando en la valentía y buenas maneras del abencerraje.

No tardó mucho el moro, según la priesa que llevaba, en llegar a la fortaleza de Coín, donde, yéndose derecho como le era mandado, la rodeó toda, hasta que halló una puerta falsa que en ella había; y ya que vio todo sosegado, tocó con el cuento de la lanza a la puerta, porque aquélla era la señal que le había dado la dueña que le fue a llamar; luego ella misma le abrió y le dijo:

—Señor mío, vuestra tardanza nos ha puesto en gran sobresalto; mi señora ha gran rato que os espera; apeaos y subid a donde ella está.

Él se apeó de su caballo, y le puso en lugar secreto que allí halló, y se subieron los dos por una escalera hasta el aposento

gentility of mind that ever anyone did. Take what security you will of me, for whatsoever you demand, I will not fail to accomplish."

"Do you promise me as a gentleman to come to my castle of Alora there to yield yourself my prisoner within three days?"

"I do," said he.

"Then go," said the Governor, "and good fortune with you, and if you stand in need of mine own person, or of any other thing, you shall have it."

The Moor thanked him very much, but took no more than a horse, which the Governor gave him, for his own was hurt in the encounter, and went very heavy, being also wearied and faint with much blood lost, and turning the reins, he rode as fast as he could towards Coín. Rodrigo of Narváez and his Gentlemen returned homewards to Alora, talking by the way of the valor and goodly behavior of the Abencerraje.

The Moor was not long, from the great speed he made, in coming to the fort of Coín, where, going directly as he was commanded, he went about all the walls until at last he found a false door, and when he perceived that all was quiet, he knocked with the butt of his lance at the gate, for that was the watchword that his mistress had given him by the gentlewoman, who herself immediately opened to him and said:

"Sir, your long tarrying has put my Lady in a great fear, for she has stayed this good while for you. Alight and I will bring you up where she is."

de la hermosa Jarifa. Ella, que había sentido ya su venida, con la mayor alegría del mundo lo salió a recibir, y ambos, con mucho regocijo y sobresalto, se abrazaron sin hablarse palabra del sobrado contentamiento, hasta que tornaron en sí. Y ella le dijo:

—¿En qué os habeis detenido, señor mío, tanto, que vuestra mucha tardanza me ha puesto en grande fatiga y confusión?

—Señora mía —dijo él—, vos sabéis bien que por mi negligencia no habrá sido; mas no siempre suceden las cosas como hombre desea; así que, si me he tardado, bien podéis creer que no ha sido más en mi mano.

Ella, atajándole su plática, le tomó por la mano, y metiéndole en un rico aposento, se sentaron, y le dijo:

—He querido, Abindarráez, que veáis en qué manera cumplen las captivas de amor sus palabras; porque desde el día que os la di por prenda de mi corazón, he buscado aparejos para quitárosla. Yo os mandé venir a este castillo para que seáis mi prisionero, como yo lo soy vuestra. Os he traído aquí para haceros señor de mí y de la hacienda de mi padre, debajo de nombre de esposo. Bien sé yo que esto será contra la voluntad de mi padre, que como no tiene conoscimiento de vuestro valor tanto como yo, quisiera darme marido más rico; mas yo vuestra persona y el conoscimiento que tendréis con ella tengo por la mayor riqueza del mundo.

Y diciendo esto, bajó la cabeza, mostrando un cierto y nuevo empacho de haberse descubierto y declarado tanto. El

He then dismounted from his horse and left it in a secret place he found there, and very softly they went up a pair of stairs and into Xarifa's chamber. When he was come, she ran to receive him and neither of them, from such extreme passions of love and gladness, were able to speak one word for the infinite joy they had at each other's sight. But coming to themselves again she said unto him:

"What the cause may be that you have stayed so long, my loving Lord, I know not, but what sorrow and anxieties of mind I have passed for your slow coming my impatient love is able to testify."

"I hope you imagine, fair Lady," said he, "that it is not by my negligence, but men's designs do not always fall to fit to their desires, so you may well believe that it was not in my power to come sooner than I have done."

She breaking off his excuses took him by the hand and lead him into a rich chamber and they sat down, where thus she said unto him:

"I was desirous, Abindarráez, that you see how captives in love fulfil their promises, for from the very day that I gave you my word for a pledge, I have sought the means to discharge it. I sent for you to be my prisoner, as I am yours. I have brought you here to make you Lord of me and of my father's household as my husband. I do know well that my father will be contrary to our workings, and being ignorant of your valor and not knowing your deserts as well as I do will perhaps bestow some richer husband on me, but I esteem your noble personage and your valiant mind more than the greatest riches in the world."

moro la tomó en sus brazos, y besándole muchas veces la mano por la merced que le hacía, le dijo:

—Señora de mi alma, en pago de tanto bien como me ofrecéis no tengo qué daros de nuevo, porque todo soy vuestro, solo os doy esta prenda en señal que os recibo por mi señora y esposa: y con esto podéis perder el empacho y vergüenza que cobrasteis cuando vos me recibisteis a mí.

Ella hizo lo mismo, y con esto se acostaron en su cama, donde con la nueva experiencia encendieron el fuego de sus corazones. En aquella empresa pasaron muy amorosas palabras y obras que son más para contemplación que no para escritura. Al moro, estando en tan gran alegría, súbitamente vino un muy profundo pensamiento, y dejando llevarse de él paróse muy triste, tanto, que la hermosa Jarifa lo sintió y de ver tan súbita novedad quedó muy turbada. Y estando atenta, sintióle dar un profundo y aquejado suspiro, revolviendo el cuerpo a todas partes. No pudiendo la dama sufrir tan grande ofensa de su hermosura y lealtad, pareciendo que en aquello se ofendía grandemente, levantóse un poco sobre la cama, y con voz alegre y sosegada, aunque algo turbada, le dijo:

—¿Qué es esto, Abindarráez? Parece que te has entristecido con mi alegría, y yo te oí suspirar y dar sollozos, revolviendo el corazón y cuerpo a muchas partes. Si sirves otra dama, dime quién es, para que yo la sirva, y si tienes otra fatiga de que yo no soy ofendida, dímela, que yo moriré o te sacaré de ella.

And having said thus she hung down her head, blushing not a little that in so plain and open terms she had declared her affection unto him. The Moor took her in his arms, and many times kissing her white hands for such loving and courteous words, said thus unto her:

"I have no new thing, sweet Lady of my soul, to give you in requital of such great good as you offer me, for I am wholly yours. Only this pledge I give you that I receive you for my beloved Lady and wife: and with this you may lay aside that maidenly shamefulness which you obtained when you took me for your own."

She pledged the same, and with this they went to bed, where with the new experience they rekindled the flames of their hearts. In which amorous enterprise passed on either side many loving words and deeds fitter for imagination than for writing. The Moor being in great joy and pleasure fetched on the sudden a profound and painful sigh, and turning from her began to lie so sad and pensive that fair Xarifa perceiving it was much amazed and troubled in mind to see so sudden an alteration, and lying still heard him breathe forth a deep and doleful sigh, turning his body on every side. The Lady was unable to suffer so great an injury to her beauty and loyalty, thinking he was displeased with the one or both, and rising up a little in the bed, with a mild and merry voice (though somewhat troubled), said:

"What means this, Abindarráez? It seems you are offended with my mirth. I heard you sigh and tumble and toss your body on every side. If you serve any other Lady, let me know,

Y trabajando de él con un ímpetu y fuerza de amor, le volvió. Él entonces, confuso y avergonzado, le dijo:

—Esperanza mía, si yo no os quisiera más que a mí, no hubiera hecho semejante sentimiento; mas ahora, que me obliga a apartarme de vos, no tengo fuerzas para sufrillo.

Y luego le contó todo su hecho, sin que le faltase nada, y en fin de sus razones le dijo con hartas lágrimas

—De suerte, señora, que vuestro captivo lo es también del alcaide de Alora; yo no siento la pena de la prisión, que vos enseñasteis a mi corazón a sufrir; mas vivir sin vos tendría por la misma muerte. Y así veréis que mis suspiros se causan más de sobra de lealtad que de falta de ella.

Y con esto se tornó a poner tan pensativo y triste como antes que comenzase a decillo. Ella, entonces, con un semblante alegre, le dijo:

—No os congojéis, Abindarráez, que yo tomo a mi cargo el remedio de vuestra fatiga, porque esto a mí toca, que yo tengo las llaves de todos los cofres y riquezas que mi padre tiene, y yo las pondré todas en vuestro poder; enviad de todo ello lo que os pareciere. Rodrigo de Narváez es buen caballero y os dio una vez libertad: yo creo se contentará con esto.

El abencarraje le respondió:

—Bien parece, señora, que el amor que me tenéis no da lugar que me aconsejéis bien. Yo mismo volveré a Alora y me pondré en las manos del alcaide de ella, y tras hacer yo lo que debo, haga la fortuna lo que quisiere.

—Pues nunca Dios quiera —dijo Jarifa— que yendo vos a ser preso, yo quede libre: yo quiero acompañaros en esta

that I may also serve her. And if you have any other grief, tell it to me, for I will either die or rid you from it."

And clasping him with a kind of violent and forcible love, she turned him to her again, who being then confounded and ashamed, said:

"If I did not, my sweetest life, love you more than mine own soul, I would never have made such signs of grief, but now that I am constrained to go from you, I have no strength to endure them."

And then he told her all the matter, not leaving anything out, and at the end with many tears said thus:

"Your captive, fair Lady, is also prisoner to the Governor of Alora, and the pain of that imprisonment which you have cast upon me I feel not, but life without you I account worse than any death. Whereupon my sighs are rather arguments of greater loyalty than of any want thereof."

And with this he began again to be so pensive and sad as he was before. But then with a merry countenance she said:

"Trouble not your mind, Abindarráez, with these thoughts, for I will take the remedy of this grief upon me. I have the keys to all my father's treasure, which I will leave at your disposition. Rodrigo of Narváez is a good knight who gave you once your liberty. I am sure he will be contented with the ransom."

"I see well, fair Lady," he said, "that the love you bear me suffers you to give not the best counsel. I will return to Alora and yield myself into the Governor's hands, and having done what I ought, let Fortune do what she will."

"Nay, let me rather die," said Xarifa, "if you go to be prisoner

jornada; que ni el amor que os tengo, ni el miedo que he cobrado a mi padre de habelle ofendido, me consentirán hacer otra cosa.

El moro, llorando de contentamiento, la abrazó, y le dijo:

—Siempre vais, alma mía, acrescentándome las mercedes; hágase lo que vos queréis, que así lo quiero yo.

Con este acuerdo, antes que fuese de día se levantaron, y proveídas algunas cosas al viaje necesarias, partieron muy secretamente para Alora. Con la gran priesa que llevaban llegaron en muy breve tiempo a Alora, y, yéndose derechos al castillo, como a la puerta tocaron, fue luego abierta por las guardas, que ya tenían noticia de lo pasado. El valeroso alcaide los recibió con mucha cortesía, y saliendo a la puerta Abindarráez, tomando a su esposa por la mano, se fue a él y le dijo:

—Mira, Rodrigo de Narváez, si te cumplo bien mi palabra, pues te prometí de volver un preso y te traigo dos, que uno bastaba para vencer muchos. Ves aquí mi señora; juzga si he padecido con justa causa; recíbenos por tuyos, que yo fío mi persona y su honra de tus manos.

El alcaide holgó mucho, y dijo a la dama:

—Señora, yo no sé de vosotros cuál venció al otro; mas yo debo mucho a entrambos. Venid y reposaréis en vuestra casa, y tenedla de aquí adelante por tal, pues lo es su dueño.

Acabando un día de comer, el abencerraje dijo al alcaide estas palabras:

—Rodrigo de Narváez, según eres discreto, por la manera de nuestra venida habrás entendido lo demás; yo tengo

and I remain at liberty. I will accompany you in this journey: for neither the extreme love that I bear you nor the fear I have purchased by offending my father will let me do less."

The Moor, weeping for joy, embraced her, saying:

"You never cease, my dearest soul, to heap favors upon my happy head. Do therefore what you will, for this is my resolution."

With this determination they rose before it was day, and providing some necessary things for their journey, they went very secretly, and by reason of the great haste they made, they came in good time to Alora, where going directly to the castle, and knocking at the gate, it was opened to them by the sentinels, who had notice of what was past. The valiant Governor received them courteously, and Abindarráez, going to the gate and taking his wife by the hand, brought her unto him and said:

"Behold, Rodrigo of Narváez, if I keep not well my word and appointed time. For promising you to return your prisoner, instead of one, I bring you two. Behold here my Lady, and judge if I have not justly suffered for her sake; accept us now as yours, for in your virtuous and noble mind I repose my whole trust and confidence."

The Governor was very glad to see them, and said to Xarifa:

"I know not, fair Lady, which of you has conquered the other, but truly think my self greatly bound unto you both. Come in therefore, and rest you in your own house."

And one day, after dinner was done, the Abencerraje said thus unto the Governor:

"As you are wise, Rodrigo of Narváez, you can, by the manner

esperanza que este negocio, que ahora tan dañado está, se ha de remediar por tus manos. Esta es la hermosa Jarifa, de quien te dije es mi señora y esposa; no quiso quedar en Coín, de miedo a su padre, porque, aunque él no sabe lo que ha pasado, todavía se temió que este caso había de ser descubierto. Su padre está ahora con el rey de Granada, y yo sé que el rey te ama, por tu esfuerzo y virtud, aunque eres cristiano. Suplícote alcances de él que nos perdone haberse hecho esto sin licencia y sin que él lo supiese; pues ya la fortuna lo rodeó y trajo por este camino.

El alcaide le dijo:

—Consolaos, señores, que yo os prometo como hidalgo de hacer cuanto pudiere sobre este negocio.

Y con esto, mandó traer papel y tinta y determinó de escribir una carta al rey de Granada, que en verdaderas y pocas palabras le dijese el caso. Con esta carta despachó uno de sus escuderos. El cual, llegando hasta el rey, se la dio. Él la tomó, y sabiendo cuya era, holgó mucho, porque a este solo cristiano amaba por su valor y su persona; y en leyéndola, volvió el rostro y vio al alcaide de Coín, y tomándole aparte, le dio la carta, diciéndole:

—Lee esta carta.

Y él la leyó, y en ver lo que pasaba recibió gran alteración. El rey dijo:

—No te congojes aunque tengas causa, que ninguna cosa me pedirá el alcaide de Alora que, pudiéndola hacer, no la haga; y así te mando vayas sin dilación a Alora y perdones a

of our coming hither, imagine more than you have seen, wherein our unfortunate affairs must be, by your advice and help, brought to some good end. This is fair Xarifa, of whom I told you, 'This is my Lady and my dearly beloved wife.' In Coín she would not stay for fear of her father, for though he knows not what has passed between us, yet she feared lest this accident might be discovered. Her father is now with our King of Granada, whose highness I know bears you especial good will for your valor and virtuous disposition, even though you are Christian. Wherefore I beseech you to solicit our pardon at his hand for doing what is past without his leave and privity, since Fortune has brought us to this doubtful impasse."

"Comfort yourselves, Abindarráez and fair Xarifa," said the noble Governor, "for by the faith of a gentleman I promise to do what I can in your behalf."

Whereupon he called for ink and paper to write a letter to the King of Granada. With this letter he dispatched away one of his squires, who gave it into his own hands, the which he gratefully received when he knew from whom it came, for he loved this Christian, especially for his valor and goodly personage; and reading it, he espied the Governor of Coín, to whom, taking him aside, he gave the letter, saying unto him, "Read this letter," who then read it, and seeing what was past, was grieved in his mind. The King said unto him:

"Be not offended nor sorry, although you have good cause, for there is not any thing that the Governor of Alora requests at my hands, if it lies in my power, which I will not do. And therefore I command you to defer no time in going to Alora,

tus hijos, y los lleves luego a tu casa; que en pago de este servicio yo te haré siempre mercedes.

El moro lo sintió en el alma; mas viendo que no podía pasar del mandado de su rey, dijo que ansí lo haría. Partióse lo más presto que pudo el alcaide de Coín, y llegó a Alora. El abencerraje y su hija parescieron ante él con harta vergüenza, y le besaron las manos. Él los recibió muy bien, y les dijo:

—No se trate de cosas pasadas; el rey me mandó hiciese esto; yo os perdono el haberos casado sin que lo supiese yo: que en lo demás, hija, vos escogisteis mejor marido que yo os lo supiera dar.

Rodrigo de Narváez holgó mucho de ver lo que pasaba, y les hacía muchas fiestas y banquetes. Un día acabando de comer, les dijo:

—Yo tengo en tanto haber sido alguna parte para que este negocio esté en tan buen estado, que ninguna cosa me pudera hacer más alegre, y ansí digo que sola la honra de haberos tenido por mis prisioneros quiero por el rescate de esta prisión: vos, Abindarráez, sois libre y para ello tenéis licencia de iros a donde os plugiere, cada y cuando quisiéredes.

Él se lo agradesció mucho, y así se aderezaron para partir otro día, acompañándolos Rodrigo de Narváez; salieron de Alora, llegaron a Coín, donde se hicieron grandes fiesta y regocijos a los desposados.

and to pardon your daughter and son-in-law, and carry them with you to your castle, in recompense whereof I will bestow on you continual favors."

It grieved the old Moor to the very heart, but seeing he must not disobey the King's command, he said that he would do it. The Governor of Coín departed from the Court in all haste and came to Alora. The Abencerraje and his daughter came before him with shame and fear and kissed his hands, who receiving them joyfully, said:

"I come not hither to entreat of things past, but by the commandment of the King, who willed me to pardon your sudden marriage without my consent. And as for the rest, daughter, you have chosen a better husband than I could have given you."

Rodrigo of Narváez was very glad to hear this, for the which he made many feasts and banquets. And one day when dinner was done, he said:

"I am pleased that I have been some part and means whereby these occurrences are brought to good, and nothing else could make me more content for the ransom of your imprisonment. I will have only the honor that I have enjoyed by getting and keeping such brave prisoners. Wherefore Abindarráez, you are free: I give you leave to go whither it please you, whensoever you will."

The Abencerraje humbly thanked him and so they prepared themselves to be gone the next day, Rodrigo of Narváez bearing them company. They went from Alora and came to Coín, where great triumphs, banquets, and feasts were made in public celebration of the marriage.

Gustavo Adolfo Bécquer
"El rayo de luna"

*Y*o no sé si esto es una historia que parece cuento o un cuento que parece historia; lo que puedo decir es que en su fondo hay una verdad, una verdad muy triste, de la que acaso yo seré uno de los últimos en aprovecharme, dadas mis condiciones de imaginación.

Otro, con esta idea, tal vez hubiera hecho un tomo de filosofía lacrimosa; yo he escrito esta leyenda, que, a los que nada vean en su fondo, al menos podrá entretenerles un rato.

I

Era noble; había nacido entre el estruendo de las armas, y el insólito clamor de una trompa de guerra no le hubiera hecho levantar la cabeza un instante, ni apartar sus ojos un punto del oscuro pergamino en que leía la última cántiga de un trovador.

Los que quisieran encontrarle no le debían buscar en el anchuroso patio de su castillo, donde los palafreneros domaban los potros, los pajes enseñaban a volar a los halcones y los soldados se entretenían los días de reposo en afilar el hierro de su lanza contra una piedra.

Gustavo Adolfo Bécquer
"The Moonbeam"

I don't know if this is a true story that sounds like a fictional one or a fictional story that sounds like a true one. What I can say is that deep down it contains a truth, a very sad truth, from which I'll probably be one of the last to profit, in view of my powers of imagination.

Someone else might have taken this idea to compose a tome of lachrymose philosophy; I've written this legend, which at least can entertain for a time those who understand nothing of its deeper meaning.

I

He was noble. He had been born amid the clatter of arms, but the unwonted blare of a martial trumpet would not have made him raise his head for an instant, nor remove his eyes for a moment from the dark parchment on which he read a troubadour's latest ballad.

Anyone wanting to find him need not have looked in the broad courtyard of his castle, where grooms broke in colts, where pages trained falcons, and where soldiers passed the

—¿Dónde está Manrique? ¿Dónde está vuestro señor? —preguntaba algunas veces su madre.

—No sabemos —respondían sus servidores—; acaso estará en el claustro del monasterio de la Peña, sentado al borde de una tumba, prestando oído a ver si sorprende alguna palabra de la conversación de los muertos; o en el puente, mirando correr una tras otra las olas del río por debajo de sus arcos; o acurrucado en la quiebra de una roca y entretenido en contar las estrellas del cielo, en seguir una nube con la vista o contemplar los fuegos fatuos que cruzan como exhalaciones sobre el haz de las lagunas. En cualquiera parte estará, menos en donde esté todo el mundo.

En efecto, Manrique amaba la soledad, y la amaba de tal modo que algunas veces hubiera deseado no tener sombra, porque su sombra no le siguiese a todas partes.

Amaba la soledad porque en su seno, dando rienda suelta a la imaginación, forjaba un mundo fantástico, habitado por extrañas creaciones, hijas de sus delirios y sus ensueños de poeta, porque Manrique era poeta; tanto, que nunca le habían satisfecho las formas en que pudiera encerrar sus pensamientos y nunca los había encerrrado al escribirlos.

Creía que entre las rojas ascuas del hogar habitaban espíritus de fuego de mil colores, que corrían como insectos de oro a lo largo de los troncos encendidos, o danzaban en una luminosa ronda de chispas en la cúspide de las llamas, y se pasaba las horas muertas sentado en un escabel, junto a la alta chimenea gótica, inmóvil y con los ojos fijos en la lumbre.

Creía que en el fondo de las ondas del río, entre los musgos

time on their days of rest sharpening the iron points of their lances against a stone.

"Where is Manrique? Where is your master?" his mother would sometimes ask.

"We don't know," his servants would answer. "Maybe he's in the cloister of Peña Monastery, sitting at the edge of a grave, giving ear to see if he picks up part of the conversation of the dead; or on the bridge, watching the river's swift current flow underneath its arches; or curled up in the crevice of a rock and occupied in counting the stars in the sky, in keeping an eye on a cloud or gazing at the *ignis fatui* that sweep across the surfaces of lagoons like shooting stars. He could be anywhere, except where everyone else is."

As a matter of fact, Manrique loved solitude, and loved it to such a degree that sometimes he must have wished he did not have a shadow so that it would not follow him everywhere.

He loved solitude because in its bosom he gave free reign to his imagination and created a fantastic world inhabited by strange beings, products of his frenzies and reveries as a poet, because Manrique was a poet; so much so that he had never been satisfied by the forms in which he could restrict his thoughts and he had never restricted them when writing them down.

He believed that the red embers in the hearth were inhabited by fiery spirits of a thousand different colors who scurried like golden insects along the burning logs, or who danced in a luminous flutter of sparks at the vertex of the flames, and he spent hour after hour seated on a footstool

de la fuente y sobre los vapores del lago vivían unas mujeres misteriosas, hadas, sílfides u ondinas, que exhalaban lamentos y suspiros o cantaban y se reían en el monótono rumor del agua, rumor que oía en silencio, intentando traducirlo.

En las nubes, en el aire, en el fondo de los bosques, en las grietas de las peñas imaginaba percibir formas o escuchar sonidos misteriosos, formas de seres sobrenaturales, palabras ininteligibles que no podía comprender.

¡Amar! Había nacido para soñar el amor, no para sentirlo. Amaba a todas las mujeres un instante: a ésta porque era rubia, a aquélla porque tenía los labios rojos, a la otra porque se cimbreaba, al andar, como un junco.

Algunas veces llegaba su delirio hasta el punto de quedarse una noche entera mirando a la luna, que flotaba en el cielo entre un vapor de plata, o a las estrellas, que temblaban a lo lejos como los cambiantes de las piedras preciosas. En aquellas largas noches de poético insomnio exclamaba:

—Si es verdad, como el prior de la Peña me ha dicho, que es posible que esos puntos de luz sean mundos; si es verdad que en ese globo de nácar que rueda sobra las nubes habitan gentes, ¡qué mujeres tan hermosas serán las mujeres de esas regiones luminosas! Y yo no podré verlas, y yo no podré amarlas . . . ¿Cómo será su hermosura. . . ?¿Cómo será su amor. . .?

Manrique no estaba aún lo bastante loco para que le siguiesen los muchachos, pero sí lo suficiente para hablar y gesticular a solas, que es por donde se empieza.

next to the tall gothic fireplace, motionless, staring at the fire.

He believed that mysterious women dwelled in the depths of the river's currents, in the mats of the foundation's moss, and above the vapors of the lake—fairies, sylphs, or undines who uttered laments and heaved sighs, or sang and laughed in the monotonous murmur of the water, a murmur that he listened to in silence while trying to fathom it.

In clouds, in the atmosphere, in the deepest part of forests, in the crevices of cliffs, he imagined seeing shapes or hearing mysterious sounds—shapes of supernatural beings, unintelligible words that he could not understand.

To love! He had been born to dream about love, not to experience it. He loved every woman for an instant: this one because she was blond, that one because she had red lips, another one because she swayed as she walked, like a rush caught in the breeze.

Occasionally his frenzy took the form of spending an entire night gazing at the moon, which floated in the sky enveloped by a silvery vapor, or at the stars, which quivered in the distance like iridescent precious stones. During those long nights of poetic insomnia he would exclaim:

"If it's true, as the prior of Peña Monastery has told me, that there's a possibility those specks of light are worlds; if it's true that people inhabit the mother-of-pearl globe that rolls across the clouds, then the women of those luminous domains must be beautiful women! And I won't be able to see them, I won't be able to love them. But I wonder what their beauty is like, what their love is like."

II

Sobre el Duero, que pasaba lamiendo las carcomidas y oscuras piedras de las murallas de Soria, hay un puente que conduce de la ciudad al antiguo convento de los Templarios, cuyas posesiones se extendían a lo largo de la opuesta margen del río.

En la época a que nos referimos, los caballeros de la orden habían ya abandonado sus históricas fortalezas; pero aún quedaban en pie los restos de los anchos torreones de sus muros; aún se veían, como en parte se ven hoy, cubiertos de hiedras y campanillas blancas, los macizos arcos de su claustro, las prolongadas galerías ojivales de sus patios de armas, en las que suspiraba viento con un gemido, agitando las altas yerbas.

En los huertos y en los jardines, cuyos senderos no hollaban hacía muchos años las plantas de los religiosos, la vegetación, abandonada de sí misma, desplegaba todas sus galas, sin temor de que la mano del hombre la mutilase, creyendo embellecerla.

Las plantas trepadoras subían encaramándose por los añosos troncos de los árboles; las sombrías calles de álamos, cuyas copas se tocaban y se confundían entre sí, se habían cubierto de céspedes; los cardos silvestres y las ortigas brotaban en medio de los enarenados caminos, y en los trozos de fábrica próximos a desplomarse, el jaramago, flotando al viento como el penacho de una cimera, y las campanillas blancas y azules, balanceándose como en un columpio sobre

Manrique still was not sufficiently mad to be followed around by urchins, but certainly enough to talk and gesticulate when alone, which is how it begins.

II

Spanning the Duero River, which lapped against the darkened, disintegrating stones of Soria's walls, was a bridge that led from the city to the one-time monastery of the Templars, whose possessions lined the opposite bank of the river.

In the time to which we are referring, the knights had long since abandoned their historic fortress, but sections of the walls' broad towers were still standing. Even then you could see, as you can to some extent today, the cloister's massive arches covered with ivy and white harebells, and the continuous ogival passageways of the parade grounds where the wind would sigh with a moan, rustling the tall grass. In the orchards and gardens, whose paths the monks' feet had not trod for many years, the unattended vegetation displayed all its finery, unafraid that the hand of man would deface it when expecting to beautify it.

Climbing plants rose and twisted around aged tree trunks; shaded lanes of poplars, whose crowns touched and interlocked, had become overgrown with grass; and wild thistle and nettle sprouted in the middle of sandy footpaths. Hedge mustard, floating in the breeze like the plume of a helmet's crest, and blue and white harebells, swinging like pendulums on their long, supple stems, grew in sections of

sus largos y flexibles tallos, pregonaban la victoria de la destrucción y la ruina.

Era de noche; una noche de verano, templada, llena de perfumes y de rumores apacibles, y con una luna blanca y serena en mitad de un cielo azul, luminoso.

Manrique, presa su imaginación de un vértigo de poesía, después de atravesar el puente, desde donde contempló un momento la negra silueta de la ciudad que se destacaba sobre el fondo de algunas nubes blanquecinas y ligeras arrolladas en el horizonte, se internó en las desiertas ruinas de los Templarios.

La medianoche tocaba a su punto. La luna, que se había ido remontando lentamente, estaba ya en lo más alto del cielo cuando, al entrar en una oscura alameda que conducía desde el derruido claustro a la margen del Duero, Manrique exhaló un grito, un grito leve, ahogado, mezcla extraña de sorpresa, de temor y de júbilo.

En el fondo de la sombría alameda había visto agitarse una cosa blanca que flotó un momento y desapareció en la oscuridad. La orla del traje de una mujer, de una mujer que había cruzado el sendero y se ocultaba entre el follaje, en el mismo instante en que el loco soñador de quimeras e imposibles penetraba en los jardines.

—¡Una mujer desconocida . . .! ¡En este sitio . . .! ¡A estas horas! Ésa, ésa es la mujer que yo busco —exclamó Manrique; y se lanzó en su seguimiento, rápido como una saeta.

crumbling masonry and proclaimed the victory of destruction and ruin.

It was nighttime—a mild, summer night full of perfumes and soft sounds, with a placid, white moon in the middle of a bright blue sky.

After crossing the bridge, from which he contemplated for a moment the black skyline of the city that stood out against the backdrop of a few, fluffy, whitish clouds curled up on the horizon, Manrique slipped into the deserted ruins of the Templars' monastery, his imagination the captive of a poetic vertigo.

It was the dead of night. The moon, which had been rising slowly, reached the highest point in the heavens when, on entering a dark stand of poplars that led from the demolished cloister to the banks of the Duero, Manrique uttered a shriek, a faint muffled shriek, a strange mixture of surprise, dread, and jubilation.

Deep in the dark stand he had seen something white flutter; it floated briefly, then disappeared in the darkness. The border of a woman's dress, a woman who had crossed the path and hid in the foliage at the same moment in which the mad dreamer of chimeras and flights of fancy was entering the gardens.

"An unknown woman! In this place! Late at night! She's the one; she's the woman I'm looking for," Manrique exclaimed, and he ran off in pursuit of her, swift as an arrow.

III

Llegó al punto en que había visto perderse, entre la espesura de las ramas, a la mujer misteriosa. Había desaparecido. ¿Por dónde? Allá lejos, muy lejos, creyó divisar por entre los cruzados troncos de los árboles como una claridad o una forma blanca que se movía.

—¡Es ella, es ella, que lleva alas en los pies y huye como una sombra! —dijo, y se precipitó en su busca, separando con las manos las redes de yedra que se extendían como un tapiz de unos en otros álamos. Llegó, rompiendo por entre la maleza y las plantas parásitas, hasta una especie de rellano que illuminaba la claridad del cielo . . . ¡Nadie!—. ¡Ah! . . . por aquí, por aquí va —exclamó entonces—. Oigo sus pisadas sobre las hojas secas, y el crujido de su traje, que arrastra por el suelo y roza en los arbustos —y corría y corría como un loco, de aquí para allá, y no la veía—. Pero siguen sonando sus pisadas —murmuró otra vez—; creo que ha hablado; no hay duda, ha hablado . . . El viento, que suspira entre las ramas; las hojas, que parece que rezan en voz baja, me han impedido oír lo que ha dicho; pero no hay duda: va por ahí, ha hablado . . . ¿En qué idioma? No sé; pero es una lengua extranjera . . .

Y tornó a correr en su seguimiento. Afán inútil. Unas veces creyendo verla, otras pensando oírla; ya notando que las ramas por entre las cuales había desaparecido se movían, aún ahora imaginando distinguir en la arena la huella de sus breves pies; luego, firmemente persuadido de que un perfume especial, que aspiraba a intervalos, era un aroma perteneciente

III

He reached the spot where he had seen the mysterious woman disappear in the dense growth of branches. She had vanished. In which direction? In the distance, a long way off, he thought he made out, in between intersecting tree trunks, something like a flash or a moving white shape.

"It's she; it's she; she has winged feet and flees like a shadow!" Manrique said, and he dashed away in search of her, using his hands to separate the network of ivy that spread like a tapestry from one poplar to another. Breaking through the underbrush and tangled growth, he came upon a kind of terrace that was illuminated by the bright sky. "Nobody! Oh, this way, she's going this way!" he then exclaimed. "I hear her footfalls on the dry leaves and the rustle of her dress, which is trailing along the ground and catching on bushes," he said as he continued running in every which direction, not seeing her. "But her footfalls can still be heard," Manrique repeated softly. "I think she's spoken. There's no doubt—she has spoken. The wind, which is sighing in the branches, and the leaves, which seem to be praying in a low voice, have prevented me from hearing what she said. But there's no doubt, she's out there and she's spoken, she's spoken. In what language? I don't, know, but it's a foreign language."

And again he ran off in pursuit of her. It was a futile exercise. Sometimes he believed that he saw her, other times he thought that he heard her; now he would notice that there was movement in the branches through which she

a aquella mujer, que se burlaba de él complaciéndose en huirle por entre aquellas intricadas malezas.

Vagó algunas horas de un lado a otro, fuera de sí, ya parándose para escuchar, ya deslizándose con las mayores precauciones sobre la hierba, ya en una carrera frenética y desesperada.

Avanzando, avanzando por entre los inmensos jardines que bordeaban la margen del río, llegó al fin al pie de las rocas sobre las que se eleva la ermita de San Saturio.

—Tal vez, desde esta altura podré orientarme para seguir mis pesquisas a través de ese confuso laberinto— reclamó, trepando de peña en peña con la ayuda de su daga.

Llegó a la cima. Desde ella se descubre la ciudad en lontananza y una gran parte del Duero, que se retuerce a sus pies, arrastrando una corriente impetuosa y oscura por entre las corvas márgenes que lo encarcelan.

Manrique, una vez en lo alto de las rocas, tendió la vista a su alrededor, pero al tenderla y fijarla al cabo en un punto, no pudo contener una blasfemia.

La luz de la luna rielaba chispeando en la estela que dejaba en pos de sí una barca que se dirigía a todo remo a la orilla opuesta.

En aquella barca había creído distinguir una forma blanca y esbelta, una mujer sin duda, la mujer que había visto en los Templarios, la mujer de sus sueños, la realización de sus más locas esperanzas. Se descolgó de las peñas con la agilidad de un gamo, arrojó al suelo la gorra, cuya redonda y larga pluma podía embarazarle para correr, y desnudándose del

disappeared, now he would imagine that he made out prints of her small feet in the sand. Then, smelling a distinctive perfume from time to time, he became firmly persuaded that the scent belonged to this woman who mocked him by taking pleasure in fleeing from him through the dense underbrush.

For several hours he wandered from one direction to another, beside himself, alternately stopping to listen, gliding over the grass with great care, and running frantically, desperately.

Penetrating further and further inside the vast gardens that bordered on the riverbank, Manrique finally reached the foot of the rocks on top of which rises the hermitage of San Saturio.

"Perhaps from above I'll be able to get my bearings to continue searching through this confusing labyrinth," he exclaimed, scaling one rock after another with the aid of his dagger.

He reached the top, from which, off in the distance, one can see the city and a large part of the Duero as it meanders along the rocks and sweeps a dark, rushing current through the winding banks that confine its waters.

Manrique, once he had arrived at the highest point, looked all around, but when he finally fixed his eyes on a particular spot he was unable to suppress an oath.

The light of the moon shimmered and glistened in the wake left by a boat that was heading under full oar power to the opposite bank.

In that boat he thought he made out a slender, white form, undoubtedly a woman, the woman he had seen in the

ancho capotillo de terciopelo, partió como una exhalación hacia el puente.

Pensaba atravesarlo y llegar a la ciudad antes que la barca tocase en la orilla. ¡Locura! Cuando Manrique llegó, jadeante y cubierto de sudor, a la entrada, ya los que habían atravesado el Duero por la parte de San Saturio entraban en Soria por una de las puertas del muro, que en aquel tiempo llegaba hasta la margen del río, en cuyas aguas se retrataban sus pardas almenas.

IV

Aunque desvanecida sus esperanza de alcanzar a los que habían entrado por el postigo de San Saturio, no por eso nuestro héroe perdió las de saber la casa que en la ciudad podía albergarlos. Fija en su mente esta idea, penetró en la población y, dirigiéndose hacia el barrio de San Juan, comenzó a vagar por sus calles a la ventura.

Las calles de Soria eran entonces, y lo son todavía, estrechas, oscuras y tortuosas. Un silencio profundo reinaba en ellas, silencio que sólo interrumpían, ora el lejano ladrido de un perro, ora el rumor de una puerta al cerrarse, ora el relincho de un corcel que piafando hacía sonar la cadena que lo sujetaba al pesebre en las subterráneas caballerizas.

Manrique, con el oído atento a estos rumores de la noche, que unas veces le parecían los pasos de alguna persona que había doblado ya la última esquina de un callejón desierto; otras, voces confusas de gentes que hablaban a sus espaldas

Templars' gardens, the woman of his dreams, the fulfillment of his wildest hopes. He climbed down from the rocks with the agility of a mountain goat and, throwing his hat to the ground because its long, round feather could hamper his running, and removing his full, velvet cape, he took off toward the bridge as fast as his legs would carry him.

He intended to cross it and get to the city before the boat reached land. Sheer lunacy! When Manrique arrived at the entrance out of breath and covered with sweat, the people who had crossed the Duero at the San Saturio quarter were already entering Soria by one of the gates in the wall, which in those days extended to the bank of the river whose waters mirrored its drab battlements.

IV

Although he lost hope of catching up with whomever had entered through the San Saturio wicket, not on this account did our hero give up on discovering the house that might be their residence in the city. Firm in his resolve, Manrique followed them inside the walls, and heading toward the San Juan district, began to roam the streets.

At that time Soria's streets were, and still are, narrow, dark, and tortuous. A profound silence prevailed in them, a silence that was only broken by the distant barking of a dog, or by the noise of a door being shut, or by the neighing of a steed, whose pawing at the ground rattled the chain that tethered it to a stall in the underground stables.

For several hours Manrique ran every which way, alert to

y que a cada momento esperaba ver a su lado, anduvo algunas horas corriendo al azar de un sitio a otro.

Por último, se detuvo al pie de un caserón de piedra, oscuro y antiquísimo, y al detenerse brillaron sus ojos con una indescriptible expresión de alegría. En una de las altas ventanas ojivales de aquel que pudiéramos llamar palacio se veía un rayo de luz templado y suave, que, pasando a través de unas ligeras colgaduras de seda color de rosa, se reflejaba en el negruzco y grietado paredón de la casa de enfrente.

—No cabe duda; aquí vive mi desconocida —murmuró el joven en voz baja y sin apartar un punto sus ojos de la ventana gótica—; aquí vive . . . Ella entró por el postigo de San Saturio . . . por el postigo de San Saturio se viene a este barrio . . . En este barrio hay una casa donde, pasada la medianoche, aún hay gente en vela . . . En vela. ¿Quién, sino ella, que vuelve de sus nocturnas excursiones, puede estarlo a estas horas . . .? No hay más; ésta es su casa.

En esta firme persuasión, y revolviendo en su cabeza las más locas y fantásticas imaginaciones, esperó el alba frente a la ventana gótica, de la que en toda la noche no faltó la luz ni él separó la vista un momento.

Cuando llegó el día, las macizas puertas del arco que daba entrada al caserón, y sobre cuya clave se veían esculpidos los blasones de su dueño, giraron pesadamente sobre los goznes, con un chirrido prolongado y agudo. Un escudero apareció en el dintel con un manojo de llaves en la mano, restregándose los ojos y enseñando al bostezar una caja de dientes capaces de dar envidia a un cocodrilo.

these night noises. Sometimes they sounded to him like the steps of someone who had already turned the last corner of a deserted alley, and other times they sounded like the jumbled voices of people talking behind him, people whom he constantly expected to see at his side.

Finally, he stopped in front of a large dilapidated house, a dark and ancient stone structure, and upon stopping, his eyes sparkled with an indescribable expression of joy. In one of the high ogival windows of what we might call that mansion, you could see a ray of soft, subdued light which, as it passed through thin rose-colored silk curtains, was reflected on the cracked and blackish wall of the house across the street.

"There's no doubt. My unknown woman lives here," Manrique muttered, gazing all the while at the gothic window. "She lives here. She entered the city by the San Saturio wicket and by the San Saturio wicket you reach this quarter. In this quarter there's a house where, after midnight, there are people still awake. Still awake. Who else but she, returning from nocturnal outings, can be up at this hour? This is beyond question her house."

With this firm conviction, and turning over in his mind the wildest and most fantastic scenarios, Manrique waited for dawn across from the gothic window where the light burned all night long. Not once did he take his eyes off it.

When daybreak came, the solid doors of the archway that led into the house, and on whose keystone was chiseled the owner's coat of arms, swung heavily on their hinges with a sharp, prolonged screech. A squire appeared at the threshold

Verlo Manrique y lanzarse a la puerta, todo fue obra de un instante.

—¿Quién habita esta casa? ¿Cómo se llama ella? ¿De dónde es? ¿A qué ha venido a Soria? ¿Tiene esposo? Responde, responde animal —ésta fue la salutación que, sacudiéndole el brazo violentamente, dirigió al pobre escudero, el cual, después de mirarle un buen espacio de tiempo con ojos espantados y estúpidos, le contestó con voz entrecortada por la sorpresa:

—En esta casa vive el muy honrado señor don Alonso de Valdecuellos, montero mayor de nuestro señor el rey, que, herido en la guerra contra moros, se encuentra en esta ciudad reponiéndose de sus fatigas.

—Pero ¿y su hija? —interrumpió el joven, impaciente—. ¿Y su hija, o su hermana, o su esposa, o lo que sea?

—No tiene ningún mujer consigo.

—¡No tiene ninguna . . .! Pues ¿quién duerme allí en aquel aposento, donde toda la noche he visto arder una luz?

—¿Allí? Allí duerme mi señor don Alonso que, como se halla enfermo, mantiene encendida su lámpara hasta que amanece.

Un rayo cayendo de improviso a sus pies no le hubiera causado más asombro que el que le causaron estas palabras.

V

—Yo la he de encontrar, la he de encontrar; y si la encuentro, estoy casi seguro de que he de conocerla . . . ¿En qué? Eso es lo que no podré decir . . . , pero he de conocerla.

holding a bunch of keys in one hand and rubbing his eyes; when he yawned, he revealed a set of teeth capable of making a crocodile jealous.

Manrique's seeing him and rushing to the door all happened in a flash.

"Who lives in this house? What's her name? Where's she from? Why has she come to Soria? Does she have a husband? Answer me, answer me, you fool!" Thus did Manrique greet him as he shook his arm furiously. The poor squire, after staring at Manrique for a long time with frightened, glazed eyes, responded in a voice broken by surprise:

"The most honorable Don Alonso de Valdecuellos, chief huntsman of our lord the king, lives in this house. He was wounded in the war against the Moors and is convalescing in this city."

"But what about his daughter?" the young man interrupted impatiently. "His daughter or sister or wife, or whoever she is?"

"There is no woman with him."

"No woman with him! Then who sleeps up there in that room where I watched a light burn all night long?"

"Up there? That's where my master Don Alonso sleeps. Since he's ill, he keeps his lamp lit until daybreak."

If lightning had suddenly struck at Manrique's feet it would not have stunned him more than these words.

V

"I have to find her; I have to find her. And if I do, I'm

El eco de su pisada o una sola palabra suya que vuelva a ver, me bastarán para conseguirlo. Noche y día estoy mirando flotar delante de mis ojos aquellos pliegues de una tela diáfana y blanquísima; noche y día me están sonando aquí dentro, dentro de la cabeza, el crujido de su traje, el confuso rumor de sus ininteligibles palabras. ¿Qué dijo . . .? ¿Qué dijo . . .? ¡Ah!, si yo pudiera saber lo que dijo, acaso . . . ; pero aun sin saberlo, la encontraré . . . ; la encontraré; me lo da el corazón, y mi corazón no me engaña nunca. Verdad es que ya he recorrido inútilmente todas las calles de Soria, que he pasado noches y noches al sereno, hecho poste de una esquina; que he gastado más de veinte doblas en oro en hacer charlar a dueñas y escuderos; que he dado agua bendita en San Nicolás a una vieja, arrebujada con tal arte en su manto de anascote, que se me figuró una deidad; y al salir de la Colegiata, una noche de matines, he seguido como un tonto la litera del Arcediano, creyendo que el extremo de sus hopalandas era el del traje de mi desconocida; pero no importa . . . ; yo la he de encontrar, y la gloria de poseerla excederá seguramente al trabajo de buscarla.

¿Cómo serán sus ojos . . .? Deben de ser azules, azules y húmedos como el cielo de la noche; me gustan tanto los ojos de ese color; son tan expresivos, tan melancólicos, tan . . . Sí . . . , no hay duda: azules deben ser, azules son seguramente, y sus cabellos, negros, muy negros y largos para que floten.... Me parece que los vi flotar aquella noche, al par que su traje, y eran negros . . . ; no me engaño, no; eran negros.

—¡Y qué bien hacen unos ojos azules muy rasgados y

almost certain that I'll recognize her. How? That's what I can't explain, but I'll recognize her. If I hear again the echo of her footsteps or a single word spoken by her, or if I see again the edge of her dress, just one edge, it'll be enough for me to know. Night and day I see the folds of that diaphanous, snow-white cloth floating before my eyes; night and day the rustle of her dress and the confusing sound of her unintelligible words reverberate right here, inside my head. What did she say? What did she say? Oh! If only I could learn what she said, maybe . . . but even without knowing it, I'll find her. I'll find her. I feel it in my heart, and my heart never misleads me. It's true that I've tramped all the streets of Soria in vain and that I've spent countless nights out in the open like a lamppost; it's also true that I've spent more than twenty gold doubloons to loosen the tongues of duennas and squires and that at the church of San Nicolás I gave holy water to an old woman, who was so artfully bundled up in her serge wrap, I mistook her for a goddess. And on leaving the collegiate church one night when matins were being sung, I followed, like a fool, the archdeacon's litter, believing that a strip of his robes was the edge of my unknown woman's dress. But it doesn't matter. I have to find her, and the glory of possessing her will surely surpass the effort of searching for her.

"I wonder what color her eyes are. They must be blue, blue and moist like the sky at night. I love eyes of that color. They're so expressive, so melancholy, so. . . . No, there's no doubt. They must be blue; they've got to be blue. And her hair is black, jet-black and long, so it can stream. I have the

adormidos, y una cabellera suelta, flotante y oscura, a una mujer alta . . . ; porque . . . ella es alta, alta y esbelta como esos ángeles de las portadas de nuestras basílicas, cuyos ovalados rostros envuelven en un misterioso crepúsculo las sombras de sus doseles de granito.

¡Su voz . . .! Su voz la he oído . . . ; su voz es suave como el rumor del viento en las hojas de los álamos, y su andar acompasado y majestuoso como las cadencias de una música.

Y esa mujer, que es hermosa como el más hermoso de mis sueños de adolescente, que piensa como yo pienso, que gusta de lo que yo gusto, que odia lo que yo odio, que es un espíritu hermano de mi espíritu, que es el complemento de mi ser, ¿no se ha de sentir conmovida al encontrarme? ¿No me ha de amar como yo la amaré, como la amo ya, con todas las fuerzas de mi vida, con todas las facultades de mi alma?

Vamos, vamos al sitio donde la vi primera y única vez que la he visto . . . Quién sabe si, caprichosa como yo, amiga de la soledad y el misterio, como todas las almas soñadoras, se complace en vagar por entre las ruinas en el silencio de la noche.

* * *

Dos meses habían transcurrido desde que el escudero de don Alonso de Valdecuellos desengañó al iluso Manrique; dos meses durante los cuales en cada hora había formado un castillo en el aire, que la realidad desvanecía con un soplo; dos meses durante los cuales había buscado en vano a aquella mujer desconocida, cuyo absurdo amor iba creciendo en su alma, merced a sus aún más absurdas imaginaciones, cuando,

feeling I saw it streaming that night, along with her dress, and it was black. I'm not mistaken, I'm not; it was black.

"And how well wide, languid blue eyes and dark, flowing loose hair suit a tall woman. Because she's tall, tall and slender like those angels on the facades of our basilicas, whose oval faces envelop the shadow of their granite canopies in a mysterious twilight.

"Her voice! I've heard her voice. It's soft like the rustling sound of wind in the leaves of poplars, and her gait is measured and stately like the rhythms of a musical composition.

"And this woman, who's as beautiful as my most beautiful adolescent dreams, who thinks as I think, who enjoys what I enjoy, who hates what I hate, who is a kindred spirit, who is the complement to my existence, is she not going to be moved on knowing me? Is she not going to love me as I'll love her, as I already do love her, with my heart and soul, with every fiber of my being?

"Let us go; let us go to the place where I saw her for the first and only time that I've seen her. Who knows whether, capricious like me and fond of solitude and mystery like all dreamers, she takes pleasure in wandering among the ruins in the still of the night."

*   *   *

Two months had elapsed since Don Alonso de Valdecuello's squire had disabused the deluded Manrique; two months during which he continuously indulged in pipe dreams that time and again were dispersed by reality with a

después de atravesar, absorto en estas ideas, el puente que conduce a los Templarios, el enamorado joven se perdió entre las intricadas sendas de sus jardines.

VI

La noche estaba serena y hermosa; la luna brillaba en toda su plenitud en lo más alto del cielo, y el viento suspiraba con un rumor dulcísimo entre las hojas de los árboles.

Manrique llegó al claustro, tendió la vista por su recinto y miró a través de las macizas columnas de sus arcadas . . . Estaba desierto.

Salió de él, encaminó sus pasos hacia la oscura alameda que conduce al Duero, y aún no había penetrado en ella, cuando de sus labios se escapó un grito de júbilo.

Había visto flotar un instante, y desaparecer, el extremo del traje blanco, del traje blanco de la mujer de sus sueños, de la mujer que ya amaba como un loco.

Corre, corre en su busca; llega al sitio en que la ha visto desaparecer; pero al llegar se detiene, fija los espantados ojos en el suelo, permanece un rato inmóvil; un ligero temblor nervioso agita sus miembros, un temblor que va creciendo, que va creciendo y ofrece los síntomas de una verdadera convulsión, y prorrumpe, al fin, en una carcajada, en una carcajada sonora, estridente, horrible.

Aquella cosa blanca, ligera, floatante, había vuelto a brillar ante sus ojos; pero había brillado a sus pies un instante, no más que un instante.

Era un rayo de luna, un rayo de luna que penetraba a

single stroke; two months during which he had searched to no avail for the unknown woman whose absurd love was taking greater hold of him thanks to his even more absurd flights of fancy; two months when, absorbed in these thoughts after crossing the bridge that leads to the Templars, the enamored youth disappeared in the tangled paths of their gardens.

VI

It was a beautiful, clear night. The moon shone in all its fullness at the highest point in the sky, and the wind sighed with a soft, gentle murmur as it passed through the leaves of the trees.

Manrique arrived at the cloister, glanced around at the courtyard, and looked between the massive pillars of the arches. The area was deserted.

He then left and headed toward the dark tree-lined lane that leads to the Duero, and he had yet to reach it when a shout of jubilation escaped from his lips.

For an instant Manrique had seen something flutter and then disappear—the edge of the white dress, the white dress of the woman of his dreams, the woman whom he already loved as if possessed.

He runs, runs in search of her. He arrives at the place where he has seen her disappear. But on arriving he stops, fixes his panic-stricken eyes on the ground, and remains motionless for a time. A slight nervous tremor shakes him from head to toe, a tremor that grows and grows and shows

intervalos por entre la verde bóveda de los árboles cuando el viento movía las ramas.

* * *

Habían pasado algunos años. Manrique, sentado en un sitial, junto a la alta chiminea gótica de su castillo, inmóvil casi, y con una mirada vaga e inquieta como la de un idiota, apenas prestaba atención ni a las caricias de su madre, ni a los consuelos de sus servidores.

—Tú eres joven, tú eres hermoso —le decía aquella—. ¿Por qué te consumes en la soledad? ¿Por qué no buscas una mujer a quien ames, y que amándote pueda hacerte feliz?

—¡El amor . . .! El amor es un rayo de luna —murmuraba el joven.

—¿Por qué no despertáis de este letargo? —le decía uno de sus escuderos—. Os vestís de hierro de pies a cabeza; mandáis desplegar al aire vuestro pendón de ricohombre, y marchamos a la guerra. En la guerra se encuentra la gloria.

—¡La gloria . . .! La gloria es un rayo de luna.

—¿Queréis que os diga una cántiga, la última que ha compuesto mosén Arnaldo, el trovador provenzal?

—¡No! ¡No! —exclamó por último el joven, incorporándose colérico en su sitial—. No quiero nada...; es decir, sí quiero; quiero que me dejéis solo . . . Cántigas . . . , mujeres . . . , glorias . . . , felicidad . . . , mentiras todo, fantasmas vanos que formamos en nuestra imaginación y vestimos a nuestro antojo, y los amamos y corremos tras ellos, ¿para qué?, ¿para qué? Para encontrar un rayo de luna.

Manrique estaba loco; por lo menos, todo el mundo lo

signs of a genuine convulsion, and he breaks out, finally, into loud laughter—loud, dreadful, strident laughter.

The fluttering, thin, white piece of cloth had shone again before his eyes, but it had shown at his feet for an instant, only an instant.

It was a moonbeam, a moonbeam that intermittently penetrated the green canopy of the trees when the wind moved the branches.

* * *

Several years had gone by. Manrique, virtually motionless on a bench next to the tall gothic fireplace in his castle, had the uncertain, anxious expression of an idiot; he hardly ever paid attention to his mother's solicitude and his servants' sympathy.

"You're young, you're handsome," the former was saying to him. "Why are you wasting away in solitude? Why don't you look for a woman to love, a woman whose love for you can make you happy?"

"Love! Love is a moonbeam," the youth muttered.

"Why don't you snap out of this lethargy?" one of his squires said to him. "Put on your suit of armor, unfurl the banner that proclaims you a grandee, and we'll go off to war. In war there is glory."

"Glory! Glory is a moonbeam."

"Do you want me to sing you a ballad, the latest one composed by Mosén Arnaldo, the Provençal troubadour?"

"No! No!" the youth finally exclaimed, sitting up in a fury on his bench. "I don't want to be anything, that is, yes, I do

creía así. A mí, por el contrario, se me figura que lo que había hecho era recuperar el juicio.

want something: I want to be left alone. Ballads, women, glory, happiness. . . . Lies, all of it. Phantoms that we dream up and picture as we please, that we love and pursue. To what end? To what end? To find a moonbeam."

Manrique was mad. At least everybody thought he was. I, on the contrary, am of the opinion that what he had done was regain his sanity.

Emilia Pardo Bazán
"Cuento soñado"

*H*abía una princesa a quien su padre, un rey muy fosco, acaviloso y cejijunto, obligaba a vivir reclusa en sombría fortaleza, sin permitirle salir del más alto torreón, a cuyo pie vigilaban noche y día centinelas armados de punta en blanco, dispuestos a ensartar en sus lanzones o traspasar con sus venablos agudos a quien osase aproximarse. La princesa era muy linda; tenía la tez color de luz de luna, el pelo de hebras de oro, los ojos como las ondas del mar sereno, y su silueta prolongada y grácil recordaba la de los lirios blancos cuando la frescura del agua los enhiesta. En la comarca no se hablaba sino de la princesa cautiva y de su rara beldad, y de lo muchísimo que se aburría entre las cuatro recias paredes de la torre, sin ver desde las ventanas alma viviente, más que a los guardias inmóviles, semejantes a estatuas de hierro.

Los campesinos se santiguaban de terror si casualmente tenían que cruzar ante la torre, aunque fuese a muy respetuosa distancia. En la centenaria selva que rodeaba la fortaleza, ni los cazadores se resolvían a internarse, temerosos de ser cazados. Silencio y soledad alrededor de la torre, silencio y soledad dentro de ella: tal era la suerte de la pobre doncellita,

Emilia Pardo Bazán
"Dream Story"

*T*here once was a princess whose father—a dour, mistrustful, glowering king—obliged her to live in seclusion in a shadowy fortress without permitting her to leave the high tower. At its foot, day and night, guards armed to the teeth kept vigil, ready to run through with their lances or pierce with their javelins anyone who dared approach. The princess was very pretty: she had skin the color of moonlight, golden stranded hair, eyes like the calm sea, and her long, slender silhouette evoked white lilies straightened by cool water. In the whole province they spoke of nothing else but the captive princess and her rare beauty, and how bored she was inside the four hard walls of the tower where she couldn't see a living soul from the windows except the guards, immobile as statues of iron.

The frightened country-folk crossed themselves if they ever had to pass near the tower, even at a very respectful distance. Not even the hunters dared go into the hundred-year-old forest that surrounded the fortress for fear of being caught. Silence and loneliness surrounded the tower, silence and loneliness filled it: such was the lot of the poor girl, condemned to the eternal contemplation of the sky and

condenada a la eterna contemplación del cielo y del bosque, y del río caudaloso que serpenteaba lamiendo los muros del recinto.

De pechos sobre el avance del angosto ventanil, la princesa solía entregarse a vagos ensueños, aspirando a venturas que no conocía, de las cuales formaba idea por referencias de sus damas y por conversaciones entreoídas, sorprendidas—pues estaba vedado tratar delante de la princesa del mundo y sus goces—. Así y todo, reuniendo datos dispersos y concordándolos con ayuda de la fantasía, la secuestrada suponía fiestas magníficas, iluminaciones mágicas suspendidas entre el follaje de arbustos cuajados de flor y que exhalaban embriagadores aromas; oía los acordes de los instrumentos músicos, aladas melodías que volaban como cisnes sobre la superficie de los lagos y veía las parejas que, cogidas de la cintura, luciendo sedas, encajes y joyas, danzaban con incansable ardor, deslizando los galanes palabras de miel al oído de las damiselas, rojas de pudor y felicidad, sueltos los rizos y anhelante el seno. Mientras la princesa se representaba estos cuadros, las nubes se teñían de carmín hacia el Poniente, un murmullo grave y hondo ascendía del río y del bosque, y la cautiva, oprimida de afán de libertad, murmuraba para sí: «¿Cómo será el amor?»

Allá donde la montaña escueta dominaba el río y el bosque, una cabañita muy miserable, de techo de bálago, servía de vivienda a cierto pastorcillo, que por costumbre bajaba a apacentar diez o doce ovejas blancas en la misma linde de la selva. Más resuelto que los otros villanos, el mozalbete no

the forest and the swollen river that snaked by, licking the walls of the enclosure.

Leaning on the railing of her narrow window, the princess often gave herself to daydreaming, aspiring to adventures she had never known, ideas formed from references of her maids-in-waiting and from half-heard, eavesdropped conversations, for it was forbidden to speak about the world and its pleasures in her presence. Even so, by collecting scattered facts and putting them together with the help of her imagination, the captive girl dreamed of magnificent parties: she saw magic lights suspended in bushes that exhaled intoxicating aromas from their flower-clotted foliage; she heard the swell of the musical instruments whose winged melodies flew like swans over the surface of lakes; she saw couples who—caught about the waist, wearing silks, lace and jewels—danced with inexhaustible ardor, boys sliding honey-coated words into the ears of girls, red from embarrassment and happiness, their hair down and their hearts eager. While the princess imagined these scenes and the clouds became tinted with carmine toward the west, a grave and deep murmur ascended from the river and the forest, and the captive, weighed down by her desire for freedom, whispered to herself: "What must love be like?"

There where the barren mountain dominated the river and the forest, a wretched cottage with a straw roof served as a dwelling for a certain shepherd, who would go down every day to pasture ten or twelve white sheep in the same region of the forest. More resolute than the other villagers, the lad was not afraid to slip agilely and secretly through the

recelaba aproximarse al castillo y deslizarse por entre la maleza con agilidad y disimulo, para mirar hacia la torre. Después de encontrar un senderito borrado casi, que moría en el cauce del río, logró el pastor descubrir también que al final del sendero abríase una boca de cueva, y metiéndose por ella intrépidamente pudo cerciorarse de que, pasando bajo el río, la cueva tenía otra salida que conducía al interior del recinto fortificado. El descubrimiento hizo latir el corazón del pastorcillo, porque estaba enamorado de la princesa (aunque no la había visto nunca). Supuso que aprovechando el paso por la cueva lograría verla a su sabor, sin que se lo estorbasen los armados, los cuales, bien ajenos a que nadie pudiera introducirse en el recinto, casi al pie de la torre, no vigilaban sino la orilla opuesta y el río. Es cierto que entre la torre de la cautiva y el pastor se interponían extensos patios, anchos fosos y recios balaurtes; con todo eso, el muchacho se creía feliz: estaba dentro de la fortaleza y pronto vería a su amada.

Poco tardó en conseguir tanta ventura. La princesa se asomó, y el pastorcillo quedó deslumbrado por aquella tez color de luna y aquel pelo de siderales hebras. No sabía cómo expresar su admiración y enviar un saludo a la damisela encantadora; se le ocurrió cantar, tocar su caramillo . . . , pero le oirían; juntar y lanzar un ramilete de acianos, margaritas y amapolas . . . , pero era inacesible el alto y calado ventanil. Entonces tuvo una idea extraordinaria. Procuróse un pedazo de cristal, y así que pudo volver a deslizarse en el recinto por la cueva, enfocó el cristal de suerte que, recogiendo en él un rayo de sol, supo dirigirlo hacia la

brambles and go near the castle to gaze at the tower. After finding a barely-visible path that ended at the riverbed, he managed also to discover that a cave opened at the end of the path, and by boldly entering he ascertained that after passing underneath the river, the cave had another exit that led to the interior of the fortified area. The discovery made his heart leap, because he was in love with the princess (though he had never seen her). He supposed that by using the cave he could see her whenever he wanted without the guards bothering him, for, oblivious to the fact that someone could get almost to the foot of the tower, they didn't guard anything but the river and its far banks. And though there interposed extensive patios, wide moats, and strong walls between the tower and the shepherd, he was happy: he was inside the fortress and presently he would see his beloved.

He soon obtained his wish. The princess appeared, and the shepherd was dazzled by that moonlight-colored skin and that hair of unearthly filaments. He didn't know how to express his admiration and send a greeting to the enchanting maiden: he thought he might sing, play his pipe . . . , but they would hear him; perhaps gather and toss a bouquet of cornflowers, daisies, and poppies . . . , but the tall, openwork window was inaccessible. Then he had an extraordinary idea. He went home and retrieved a piece of glass, and when he got back to the courtyard through the cave, he focused the glass so that, by catching a ray of sunlight, he managed to direct it toward the princess. She, dumbstruck, closed her eyes, and when she opened them again to see who was sending the ray into her room, she saw the shepherd

princesa. Ésta, maravillada, cerró los ojos, y al volver a abrirlos para ver quién enviaba un rayo de sol a su camarín, divisó al pastorcillo, que la contemplaba extático. La cautiva sonrió, el enamorado comprendió que aceptaba su obsequio . . . , y desde entonces, todos los días, a la misma hora, el centello del arco iris despedido por un pedazo de vidrio alegró la soledad de la princesita y le cantó un amoroso himno que se confundía con la voz profunda de la selva allá en lontananza . . .

De pronto, sobrevino un cambio radical en la vida de la princesa. Murieron en una batalla su padre y su hermano, y recayó en ella la sucesión del trono. Brillante comitiva de señores guerreros, obispos, pajes y damas vino a buscarla solemnemente y a escoltarla hasta la capital de sus estados. Y la que pocos días antes sólo conversaba con los pájaros, y sólo esperaba el rayo de sol del pastorcillo, se halló aclamada por millares de voces, aturdida por el bullicio de espléndidos festejos, y admiró las iluminaciones entre el follaje, y oyó las músicas ocultas en el jardín, y giró con las parejas que danzaban, y supo lo que es la gloria, la riqueza, el placer, la pasión delirante y la alegría loca . . .

Habíanse pasado muchos, muchos años, cuando la princesa, reina ya y casi vieja ya, tuvo el capricho de visitar aquella torre donde su padre, por precaución y por tiránica desconfianza, la mantuvo emparedada durante los momentos más bellos de la juventud. Al entrar en el camarín, una nostalgia dolorosa, una especie de romántica melancolía se apoderó de la reina y la obligó a reclinarse en el ajimez,

contemplating her, ecstatic. The captive smiled, her admirer understood that she accepted his gift . . . , and from then on, every day at the same time, that rainbow spark sent by a piece of glass brightened the solitude of the princess and she sang him a loving hymn that mixed itself with the profound voice of the distant forest . . .

Suddenly, a radical change overtook the life of the princess. Her father and her brother died in battle and the succession to the throne fell to her. A glorious retinue of warlords, bishops, pages, and ladies came solemnly to retrieve her and escort her to the capital of her estates. Then she who but a few days before had conversed only with birds, and waited only for the shepherd's beam, found herself acclaimed by thousands of voices, dazed by the bustle of splendid balls; and she admired the lights in the foliage, and heard the hidden music in the garden and twirled with the dancing couples and then she knew what glory, riches, pleasure, feverish passion, and delirious happiness were . . .

Many, many years had passed, when the princess, now the queen and nearing old age, decided on a whim to visit that tower where her father, out of caution and tyrannical mistrust, kept her imprisoned during her youth's finest hours. Upon entering her old room, a sad nostalgia, a sort of romantic melancholy overpowered the queen and obliged her to recline on the mullioned window, her eyes full of tears. The evening approached, inflaming the horizon; the forest exhaled its melodious and profound whisper . . . , and the queen, covering her face with her hands, felt the tears run slowly through her parted fingers. Did she cry upon

sintiendo preñados de lágrimas los ojos. La tarde caía, inflamando el horizonte; el bosque exhalaba su melodioso y hondo susurro . . . , y la reina, tapándose la cara con las manos, sentía que las gotas de llanto escurrían pausadamente al través de los dedos entreabiertos. ¿Lloraba acaso al recordar lo sufrido en el torreón: el largo cautiverio, la soledad, el aislamiento, el fastidio? ¡Mal conocéis el corazón de las mujeres los que a eso atribuís el llanto de tan alta señora!

Sabed que, desde el momento en que pisó la torre, la reina echaba de menos el rayo de sol que todos los días, a la misma hora, le enviaba el pastorcillo enamorado por medio de un trozo de vidrio. Por aquel trozo de vidrio daría ahora la soberana los más ricos diamantes de su corona real. Sólo aquel rayo podía iluminar su corazón fatigado, lastimado, quebrantado, marchito. Y al dejar escurrir las lágrimas, sin cuidarse de reprimirlas ni de secarlas con el blasonado pañuelo, lloraba la juventud, la ilusión, la misteriosa energía vital de los años primaverales. . . . Nunca volvería el pastorcillo a enviarle el divino rayo.

remembering what she suffered in the tower: the long captivity, the loneliness, the isolation, the boredom? How poorly you know the heart of a woman if to that you attribute the weeping of this high lady!

Be assured that from the moment she set foot in the tower, the queen longed for the ray of sunlight that every day, at the same time, the enamored shepherd sent with a shard of glass. For that piece of glass the sovereign would now give the richest diamonds of her royal crown. Only that sunbeam could illuminate her tired, wounded, broken, withered heart. And letting the tears fall, without caring to staunch or dry them with her emblazoned handkerchief, she mourned her youth, her dreams, the mysterious vital energy of the springtime of her life. . . . Never again would the shepherd send her that divine ray!

Miguel de Unamuno
"Una historia de amor"

I

Hacía tiempo ya que a Ricardo empezaban a cansarle aquellos amoríos. Las largas paradas al pie de la reja pesábanle con el peso del deber. No, no estaba de veras enamorado de Liduvina, y tal vez no lo había estado nunca. Aquello fue una ilusión huidera, un aturdimiento de mozo que al enamorarse en principio de la mujer se prenda de la que primero le pone ojos de luz en su camino. Y luego, esos amores contrariaban su sino, bien manifiesto en señales de los cielos. Las palabras que el Evangelio le dijo aquella mañana cuando, después de haberse comulgado, eran harto claras y no podían marrar: «Id y predicad la buena nueva por todas las naciones.» Tenía que ser predicador del Evangelio, y para ello debía ordenarse sacerdote. Había nacido para apóstol de la palabra del Señor y no para padre de familia; menos, para marido, y redondamente, nada para novio.

La reja de la casa de Liduvina se abría a un callejón flanqueado por las altas tapias de un convento de Ursulinas.

Miguel de Unamuno
"A Story of Love"

I

For some time now, Ricardo had been getting tired of this little romance. The long hours standing outside the window grating weighed on him with the burden of duty. No, he wasn't really in love with Liduvina, and perhaps he never had been. This was a fleeting illusion, the boyish vertigo that comes from having fallen in love with women in general and then falling for the first girl whose luminous eyes crossed his path. And furthermore, this affair went against his destiny, so well manifested in signs from heaven. Those words the Gospel told him that morning, after having received communion, were terribly clear and unmistakable: "Go ye into all the world and preach the gospel to every creature." He had to be a preacher of the Gospel, and for that he had to become a priest. He was born to be an Apostle of the Word of God: not the father of a family, even less a husband, and a suitor, not at all.

The barred window of Liduvina's house faced an alley next

Sobre las tapias asomaba su larga copa un robusto y cumplido ciprés, en que hacían coro los gorriones. Y era entonces cuando las campanas de la Colegiata derramaban sobre la serenedad del atardecer las olas lentas de sus loores al infinito. Y aquella voz de los siglos hacía que Ricardo y Lidivina suspendieran un momento su coloquio; persignábase ella, se recojía y palpitaban en silencio sus rojos labios frescos una oración, mientras él clavaba su mirada en tierra. Miraba al suelo, pensando en la traición que a su destino venía haciendo; la lengua de bronce le decía: «Ve y predica mi buena nueva por los pueblos todos.»

Eran los coloquios lánguidos y como forzados. La reja de hierro que separaba a los novios era una verdadera cancela de prisión, pues prisioneros, más que del amor y del sentimiento, de la constancia y del pundonor estaban. Ya los ojos de Ricardo no bebían ensueños, como antaño, en las pupilas de ébano de Liduvina.

—Si tienes que hacer, por mí no lo dejes —le había dicho alguna vez.

—¿Que hacer? Yo no tengo, nena, más quehacer que el de mirarte —le respondía él.

Y callaban un segundo, sintiendo la vacuidad de sus palabras.

Retirábase Ricardo de la reja cada noche pensando más aún que aquel amor había muerto no bien nacido, pero volvía arrastrado por un poderoso imán. Llamábale la apacible y triste melancolía que del ámbito todo del callejón se exhalaba. El negro ciprés, las altas y agrietadas tapias del convento, los

to the high walls of an Ursuline convent. Over the walls of the convent, a full, robust cypress thrust its long, sparrow-filled crown. The bells of the Collegiate poured the slow waves of a prayer to the infinite over the serene twilight. And that voice of voices made Ricardo and Liduvina suspend their conversation for a moment; she would cross and recollect herself, her moist red lips murmuring a prayer, while he would fix his gaze to the ground. He would look at the earth, thinking how he was betraying his destiny; the tongue of bronze would tell him: "Go ye and preach the Gospel to all nations."

Their conversations were languid and somewhat forced. The iron grille that separated the two sweethearts was truly like prison bars, for they were prisoners, not of love or sentiment, but of constance and integrity. Ricardo's eyes no longer drank dreams from Liduvina's ebony pupils.

"If you have some obligation, don't neglect it for my sake," she would say.

"An obligation? I don't have, my dear, any other obligation than to gaze at you," he would respond.

And they would fall silent for a moment, feeling the emptiness of their words.

Every night, Ricardo retired from the window, each time more convinced that their love had died before being born; but he always returned, dragged by a powerful magnet. He was attracted to the affable, sad melancholy that the whole alley exhaled. The black cypress, the tall, cracked walls of the convent, the fires of the sunset, the concerts of the sparrows:

incendios de la puesta del sol, los conciertos de los gorriones, todo ello parecía formado para concordar con los grandes ojos negros de Liduvina y con las negras ondas de su cabellera.

Tenía que acabar con aquello, sin duda; pero ¿cómo? ¿Cómo romper aquel hábito? ¿Cómo faltar a su palabra? ¿Cómo aparecer inconstante e ingrato? Adivinaba, sabía más bien, que ella estaba tan desengañada de aquel amor y tan cansada de él como él de ella; y hasta se lo habían dicho en silencio el uno al otro, con los ojos, en un desmayo de la conversación. Pero ¿cómo provocar una explicación, confesarse mutuamente, darse la mano de amigos y separarse, con pena, sí, pero con el goce de la liberación? A él le esperaba el claustro; a ella, tal vez, el alma del hombre predestinada a ser el rodrigón de su vida.

Cavilando en su caso, dio Ricardo en una solución, a la par que ingeniosa muy sentimental. Los amoríos se prolongaban; hacía ya cinco años que venían con ellos. Fingiría, pues, él, Ricardo, impaciencia y, a la vez, un reflorecimiento del primer amor, y le propondría la fuga. Ella, naturalmente, no lo habría de aceptar, lo rechazaría indignada, y él, entonces, dueño de un pretexto para poder echarle en cara que no le quería con verdadera pasión, con dejación de prejuicios y de encojimientos, podría liberarse. ¿Y si lo aceptaba? No, no era posible que aceptase la fuga Liduvina. Pero si lo aceptaba . . . , entonces . . . ¡mejor aún! Ese acto de desesperación, ese reto lanzado a la hipócrita conciencia de los esclavos todos del deber, haría resucitar el amor, si es que alguna vez lo tuvieron; lo haría nacer, si es

everything seemed to concord with Liduvina's huge, dark eyes and her long black hair.

They had to end it, without doubt, but how? Break that habit? Go back on their word? Appear inconstant and ungrateful? He guessed—rather, he knew—that she was also disillusioned with their love and as tired of him as he was of her: they had even told each other, with their eyes, in a lull in the conversation. But how to provoke an explanation, confess to each other, shake hands like friends and separate, with sadness, of course, but with the joy of liberation? The cloister awaited him; for her, perhaps the soul of the man predestined to be the fulfillment of her life.

As he pondered the situation, Ricardo lit upon a solution, as ingenious as it was sentimental. The affair was far too prolonged: five years they had gone on like this. Ricardo would pretend to be impatient—that love had re-blossomed—and he would propose that they run away together. She, naturally, wouldn't accept: she would reject it, indignant, and then he could throw in her face the fact that she didn't love him with true passion, with the abandonment of prejudice and inhibitions, and he could get free. And if she accepted? No, it wasn't possible that Liduvina would accept the flight. But if she did accept . . . then . . . so much the better! This act of desperation, this challenge hurled at the hypocritical conscience of all the other slaves to duty, would revive love, if they ever had it, or it would make it reappear, if it ever lived in them. Yes, maybe it would be better if she accepted. But no, it couldn't be. She wouldn't accept.

que nunca habitó en medio de ellos dos. Sí, acaso fuese mejor que aceptara; pero no, no podía ser, no lo aceptaría.

II

Se respiraba en el casón de Liduvina el aburrimiento de una oscura tristeza. No había más luz para Liduvina que la de sus amoríos con Ricardo, y era luz de anochecer, moribunda, desde que brilló a sus ojos. Creyó en un principio, al declarársele Ricardo y aceptarlo ella por cortejo, que aquella tibieza de cariño era fuego incipiente, que aquella penumbra de afecto era luz de amanecer, de alba guiadora del sol; pero pronto vio que no había sino un rescoldo que se apagaba, un crepúsculo de tarde, portero de la noche.

¿Cómo empezó todo esto? ¡Oh, vivía tan triste, tan sola! Empezó encontrando a Ricardo en la misa temprana del convento de las Ursulinas. Todas las mañanas se cruzaban sus miradas al salir a la calle. Alguna vez fue él quien le ofreció agua bendita, y un día fue a llevarle el rosario, que se había dejado olvidado en su reclinatorio. Y, por fin, una mañana, al salir de la misa y después de haberle ofrecido como otras veces el agua bendita, le entregó una carta. Su mano temblaba al entregársela y sus mejillas su pusieron de grana.

¡Un novio! Le había salido un novio, como decían sus pocas y raras compañeras. Tendría en qué entretenerse y un modo de matar la interminabilidad de sus días. ¿Y el amor? ¡Ah! El amor vendría, el amor llega siempre cuando se le quiere, cuando se ama al Amor y se le necesita. Pero pasaron días,

II

The house of Liduvina breathed the tedium of a dark sadness. There was no more light for Liduvina than that of her affair with Ricardo, and it was a twilight, moribund, since the day it first shined in her eyes. She believed at first, when Ricardo first declared himself, that the dimness in their affection was a dawning, a prelude to the sun, but soon she saw that there was nothing but a dying ember, a sunset fading to night.

How did it all start? Oh, she had lived in such sadness, so alone! She started noticing Ricardo at the early Mass of the Ursuline convent. Every morning their eyes would meet when they left the church. Sometimes it was he who offered her holy water, and one day he went to fetch her rosary, which she had forgotten on a pew. And finally, one morning, when leaving Mass and after having offered her holy water, he gave her a letter. His hand trembled as he gave it to her, and his cheeks reddened.

A suitor! She had up and got a suitor, as her few and rare friends said. She would now have something to entertain her—a way of enduring the interminability of her days. And love? Ah! Love would come, it always comes when it has a mind to, when one loves Love and one needs it. But days, weeks, even months passed, and she hadn't felt the tip-toe of love on her heart.

Soon the poor girl understood that Ricardo was already bored with her, that it was habit, the walls of the convent, the cypress, the sparrows, the sunsets, and not she who

semanas y aun meses, y no sentía las pisadas de amor sobre su pecho.

Pronto comprendió y sintió la triste que Ricardo estaba ya aburrido de ella, que era el hábito, que eran las tapias del convento, el ciprés, los gorriones, las puestas de sol y no ella lo que a su lado le llevaba. Pero lo mismo que su novio sintió ella en sí más fuerte que el desengaño el pundonor y el orgullo de la constancia. No, no sería ella la primera en romper, aunque tuviese que morir de pena; que rompiese él. Entendió muy bien a Ricardo cuando éste, entre enrevesados ambajes, le insinuó la ocurrencia de la escapatoria; pero aunque le entendiera, hízose la desentendida. Y más que le entendió, pues comprendió su intención celada. Leyó en el alma de su novio. Y se dijo: «Que tenga valor, que deje de ser hombre, que me proponga clara y redondamente la fuga, y la aceptaré; la aceptaré y será cojido en el lazo en que pretende arteramente prenderme, y entonces veremos quién es aquí el valiente.»

«Si lo acepta —seguía pensando Liduvina—, empezará mi vida, se romperá esta niebla de sombras húmedas, no oiré ya al viejo reló de pesas, no oiré callar a mi madre, no veré el ceño de mi hermana. Si lo acepta, si nos fugamos, si toda esa gente estúpida descubre de una vez quién es Liduvina, la chica del callejón de las Ursulinas, entonces resucitará ese amor que bajó moribundo a nosotros.»

Y he aquí cómo él y ella coincidieron. Como que era el Amor, un mismo amor, el que les inspiraba.

brought him to her side. But just as her suitor, she felt—more strongly than the disillusionment—the honor and the pride of constance. No, she wouldn't be the first to end it, even if she had to die from embarrassment; let him do it. Well she understood Ricardo when he, through obscure circumlocutions, insinuated escape. But although she understood him, she pretended not to. And not only did she understand him, she comprehended his veiled intention. She read into the soul of her suitor. And she said to herself: "Let him have the nerve, let him drop his manly façade, let him propose clearly and definitively the escape, and I will accept. I will accept and he will be caught in the same trap he so astutely sets for me, and then we will see who is the more valiant."

"If I accept it," Liduvina continued thinking, "my life will begin. The misty, soggy shadows will dissipate, I won't hear again that old grandfather clock, I won't hear the silence of my mother, I won't see the scowl of my sister. If I accept, if we run away, if all these idiot people finally discover who Liduvina is, then this love that fell, moribund, onto us will resuscitate."

And that's how they agreed. As if it were Love, a shared love, that inspired them.

III

And it was as they planned. One afternoon, as the sun was about to set, Ricardo gathered his courage, and leaning up

III

Y fue como pensaron. Una tarde, al ir a ponerse el sol. Ricardo cobró coraje y, recostándose en la reja, después de haber soltado de ella las manos, dejó caer estas palabras:

—Mira, nena, esto va muy largo, y esta situación es insostenible, así se nos gasta la ilusión . . .

—A ti —dijo ella.

—No, a los dos, Lidu, a los dos. Y yo no veo más que un medio . . .

—El que rompamos . . .

—¡Eso, nunca, nena, nunca! ¿Cómo se te ha podido ocurrir tal cosa?

—No, yo, no, Ricardo; era que leía tu pensamiento . . .

—Pues, leíste mal, muy mal . . . Ahora, si es que tú . . .

—¿Yo, Ricardo, yo? ¡Yo contigo, a donde quieras y hasta donde quieras!

—¿Sabes lo que dices, nena?

—¡Sí, sé lo que me digo, porque lo he pensado muy bien antes de decirlo!

—¿Y si te propusiese . . . ?

—¿Qué es ello? ¿Qué vas a proponerme con tanta preparación?

—¡Fugarnos!

—¡Pues, me fugaría!

—¡Escaparnos, Liduvina, escaparnos!

—Sí, Ricardo, te entiendo; salir cada uno de nosotros de nuestra propia casa e irnos por ahí, no sé a dónde, los dos

against the bars, after having let go of her hands, he let fall these words:

"Look, my dear, this is going on too long: the situation is unbearable, and we're both wasting our dreams . . ."

"*You're* wasting them," she said.

"No, both of us are, Lidu, both of us. And I don't see more than one solution . . ."

"We break up . . ."

"No, my dear, never! How could you think such a thing?"

"Not me, Ricardo. I read your thoughts . . ."

"Well you misread them, completely . . . Now if you...."

"Me, Ricardo, me? I'm with you, whenever and wherever you want!"

"Do you know what you're saying, my dear?"

"Yes, I know what I'm saying, because I've thought about it long and hard before saying it!"

"And if I were to propose . . ."

"What? What are you going to propose with such an introduction?"

"We run away!"

"I'll run away, then!"

"Let's escape, Liduvina, escape!"

"Yes, Ricardo. I understand you. Each of us leaves our house and we leave here for somewhere, I don't know where, just the two of us . . . , to . . . stir up the coals of our love. Now! Because this house is driving me to madness."

"Ah! Is that why you want to go?"

"No, it's because of you, Ricardo."

And then, thinking better, she added:

solos . . . , a . . . dar cuerda al amor. ¡Ahora mismo! Así como me pesa ya esta casa.

—¡Ah! ¿Es por eso?

—No, es por ti, Ricardo.

Y luego recapacitando, añadió:

—Y por mí . . . ¡Y por nuestro amor! No podemos seguir de esta manera.

Cambiaron una mirada de profunda comprensión mutua. Y desde aquel día empezaron a concertar la fuga.

Por fin, una mañana, Luduvina pretextó tener que salir a ver a una amiga, y acompañada de la doncella salió llevando un pequeño hato de ropa en la mano. A los no muchos pasos de haber salido, dejaron atrás un coche parado. Pero de pronto, Liduvina, volviéndose a la criada, le dijo: «Espera un poco; me olvidé una cosa, vengo en seguida.» Volvióse, entró en el coche y éste partió. Cuando la doncella, harta de esperar, se volvió a casa por su señorita, se encontró con que no había vuelto.

El coche fue a toda marcha, a la estación de un pueblecillo próximo. En el trayecto, Ricardo y Liduvina, cojidos de las manos, callaban, mirando al campo.

Montaron en el tren, y éste partió.

IV

Ricardo y Liduvina, acurrucados en una esquina del vagón, miraban vagamente a las quintas sembradas por los arribes del río, y oían una conversación en lengua extranjera de que apenas si cazaban el sentido de alguna que otra palabra. En

"And for me . . . and for our love! We can't go on like this."

They exchanged a look of profound mutual comprehension. And from that day on they began to plan their escape.

Finally, one morning, Liduvina pretended to go see a friend, and accompanied by a servant, she left carrying a small bag of clothing. A short while after leaving, they went past a coach. But suddenly Liduvina, turning to the servant, said: "Wait a minute, I forgot something, I'll be right back." She went back, entered the coach and it departed. When the maid, tired of waiting, went back home for her mistress, she found that she had never returned.

The coach left at full speed to the station of a nearby town. On the way, Ricardo and Liduvina, hands clasped and silent, watched the countryside.

They got on the train and it departed.

IV

Ricardo and Liduvina, snuggled together in a corner of the car, absentmindedly watched the cultivated fields near the edges of the river and heard a conversation in a foreign tongue of which they understood barely a word here and there. Upon seeing they were selling oranges in one station, Liduvina fancied one. She needed to refresh her dry lips, distract her hands and mouth with something. Ricardo peeled one of the oranges and gave it to her; Liduvina tore it in two and passed half to Ricardo. She ate half a section,

una estación al ver que se vendían naranjas, antojáronsele a ella. Necesitaba refrescar los resecos labios, distraer manos y boca en algo. Mondóle Ricrado una de las naranjas y se la dio; Liduvina la partió por la mitad y alargó una de ellas a Ricardo. Después, mordió medio gajo, miró a los compañeros de coche, y al verlas distraídos, dio a su novio el otro medio.

En otra estación comieron; una comida triste. Liduvina, que de ordinario no bebía sino agua, tomó un vaso de vino. Y repitió el café. Ricardo fingía una serenedad que le faltaba. ¡Oh si hubieran podido volverse, deshacer lo hecho! Pero no; el tren, imagen del destino, les llevaba a él encarrilados. En cualquier lado que se quedasen, tenían que esperar al otro día para la vuelta.

Llegaron al hotel, pidieron cuarto y encerráronse entre sus tristes paredes.

A la mañana siguiente, se levantaron mucho más temprano que habían pensado la víspera. Parecía abrumarles una enorme pesadumbre fatal; en sus ojos flotaba la sombra del supremo desencanto. Los besos eran inútiles llamadas. Creían haber sacrificado el amor a un sentimiento menos puro. Ricardo rumiaba el «Id y predicad la buena nueva»; por la mente de Liduvina cruzaban el silencio de su madre, el ceño de su hermana, y sobre todo, el ciprés del convento. Echaba de menos la tristeza penumbrosa que hasta entonces la había envuelto. ¿Era aquello, era aquello el amor?

Sentíanse, además, avergonzados sin saber de qué. El desayuno fue de inquietud. Ella apenas quiso probar nada. Le mandó a él que saliese del cuarto para vestirse sin que la

glanced at their coach companions, and seeing they were distracted, gave the other half to Ricardo.

In another station they ate a sad dinner. Liduvina, who ordinarily never drank anything but water, took a glass of wine and had seconds on coffee. Ricardo feigned a serenity he did not possess. Oh, if they could only return, undo what they'd done! But no: the train, an image of destiny, carried them along. No matter where they got off, they would have to wait until the next day for the return train.

They arrived at their hotel, asked for a room, and shut themselves inside its sad walls.

The next morning they got up much earlier than they had planned the night before. An enormous, heavy sorrow seemed to overwhelm them; in their eyes floated the shadow of supreme disenchantment. Their kisses were useless gestures. They felt that they had sacrificed love for a less pure feeling. Ricardo ruminated over "Go ye and preach the Gospel"; through the mind of Liduvina passed the silence of her mother, the scowl of her sister, and most of all, the cypress of the convent. She missed the penumbral sadness that until then had enveloped her. Was this—was *this* love?

They felt, besides, ashamed without knowing of what. Breakfast was full of disquiet. She barely wanted to taste anything. She asked him to leave the room so she could dress without his seeing her. And she washed, soaped, and scrubbed her face with true frenzy, almost drawing blood.

"Are you ready yet?" he asked from outside.

"No, wait just a bit more."

She knelt down next to the bed and prayed for a moment

viera. Y se lavó, jabonó, y fregoteó la cara con verdadero frenesí, casi hasta hacerse sangre.

—¿Qué, acabaste? —preguntó él desde afuera.

—No; espera aún un poco.

Se arrodilló junto a la cama y rezó un instante como nunca había rezado, pero sin palabras. Se entregó en brazos de la Providencia. Después abrió la puerta a su novio. ¿Novio? ¿Cómo le llamaría en adelante?

Salieron de bracete, sin rumbo, a callejear.

El corazón de ella palpitaba contra el brazo derecho de él, que se atusaba nerviosamente las guías del bigote. Miraban a todos con recelo, por si topaban con alguna cara conocida. Caminaban de sobresalto en sobresalto; pero todo menos volver todavía al hotel. ¡No, no! Aquel cuarto frío, de muebles desconchados, de estuco lleno de grietas, aquel cuarto donde cada noche dormía un desconocido diferente, les repelía. Su único consuelo era verse envueltos en los ecos mimosos de una lengua casi extranjera.

Al pasar junto a una iglesia sintió Ricardo en su brazo que el seno palpitante de Liduvina le empujaba. Entraron. Tomó ella agua bendita con las yemas del índice y el corazón de su mano derecha, y se la dió a él, mirándole con turbios ojos a los ojos turbios. Quedáronse cerca de la puerta; él sentado en un banco, contra la pared, en lo oscuro, y ella se arrodillo delante de él, apoyó los codos en el banco de delante y acostó la cara en las palmas de las manos.

De pronto, sintió Ricardo los sollozos contenidos de Liduvina; la oyó llorar. Y a él se le rompió también la represa

as she'd never prayed before, without using words. She delivered herself into the arms of Providence. Afterwards, she opened the door for her fiancé. Fiancé? How would she call him from now on?

They left arm in arm, without destination, to roam the streets.

Her heart throbbed against his right arm; he nervously smoothed the ends of his moustache. They looked at everyone with mistrust in case they ran into someone they knew. They went from one jolt to another; anything but return to that hotel. No, no! That cold room with the peeling furniture, the cracked stucco, that room, where every night a different stranger slept, repelled them. Their only consolation was to find themselves enveloped in the soothing echoes of an almost-foreign language.

When they passed close by the church Ricardo felt Liduvina's pulsating chest push on his right arm. They entered. She took holy water with the tips of her index and middle fingers of her right hand and gave it to him, gazing with turbulent eyes into his turbulence. They remained close to the door; he seated in the darkness, she kneeling down in front of him, her elbows resting on the pew in front and her face in her hands.

Soon Ricardo felt her repressed sobs; he heard her cry. Then the dam of sorrow broke in him, too. He knelt next to his sweetheart and in this way, touching one another, they mourned together the death of their dreams.

When they went out on the street, everything seemed more serene, and at the same time more sad.

del llanto. Arrodillóse junto a su novia, y así, tocándose, lloraron en común la muerte de la ilusión.

Cuando salieron a la calle, parecía todo más sereno, a la vez que más triste.

—Lo que hemos hecho, Liduvina . . . —se atrevió a empezar él.

Y ella continuó:

—Sí, Ricardo, nos hemos equivocado . . .

—Tienes razón.

—Lo malo es que al pueblo no podemos volver. ¿Con qué cara me presento yo a mi madre y a mi hermana? ¿Y cómo vamos a salir allí a la calle?

Una vez en el hotel, mezclaron sus lágrimas. Fingió él tener que salir a una diligencia, a cambiar dinero; mas fue para darle a ella ocasión y tiempo, tomándoselos él por su parte, de escribir a sus casas.

Y al otro día emprendieron el regreso. Ella se quedaría en un pueblecito donde moraba una tía, pues por nada del mundo afrontaría de nuevo el silencio de su madre; él bajaríase en la estación próxima a la ciudad, para entrar, de noche y por caminos excusados, en casa de su padre.

V

Pasaron días; Ricardo y Liduvina esperaban las consecuencias de su aventura. Y pasaron meses. Al principio se cruzaron algunas cartas de forzadas ternezas, de recriminaciones, de quejas. Las de ella eran más recias, más concluyentes.

"What we have done, Liduvina . . ." he ventured.

She continued:

"Yes, Ricardo, we've made a mistake . . ."

"You're right."

"The worst of it is that we can't return. How could I possibly face my mother and my sister? And how would we be able to show ourselves in public?"

Once in the hotel they mixed their tears. He pretended to leave on an errand, to exchange money; but it was to give Liduvina time and occasion, which he took for himself, to write to their homes.

And the next day they began their return. She would stay in a small town where an aunt lived, because for nothing would she confront again the silence of her mother. He would get off at the next station to enter, at night and by back streets, the house of his father.

V

Days passed; Ricardo and Liduvina waited for the consequences of their adventure. And months passed. At first they sent back and forth a few letters of strained endearments, of recriminations, of resentment. Liduvina's were stronger, more conclusive.

"You don't have to explain to me, my Ricardo, what it is with you, because I already know. Your rhetoric doesn't fool me. You, essentially, don't love me anymore; I believe that you never have, at least not the way I loved and still love you, and you're looking for a way to get out of what you

"No tienes que explicarme, Ricardo mío, lo que te pasa, porque lo adivino. No me engaña tu retórica. Tú, en rigor, no me quieres ya; creo que nunca me has querido, por lo menos no como yo te quería y aún te quiero, y buscas medio de deshacerte del que crees es un compromiso de honor, más de cariño. Pero desde ahora te juro que o he de ser tuya o de nadie. Aunque hubiese alguno tan bueno o tan tonto como para solicitarme después de lo ocurrido, de aquella chiquillada, le rechazaría, fuese el que fuese. Piensa bien lo que has de hacer."

El alma de Ricardo era, en tanto, un lago en tormenta. No dormía, no descansaba, no vivía. Volvió a sus lecturas de mística y de ascética, a sus estudios de apologética católica. Preocupábale el problema de su destino. Todo aquel largo cortejo de amorío, aquella escapada ridícula, había sido obra del demonio para estorbar el cumplimiento del destino que Dios mismo le había prescrito. Pero ¿y Liduvina? ¿No había ya otro destino ligado al suyo? ¿No estaban ya sus dos vidas indisolublemente unidas? ¿Y no está escrito que no desate el hombre lo que Dios mismo atara? Pero . . . ¿no había acaso otras almas ligadas *ab aeterno* con la suya, otras almas cuya salud suprema dependía de que él fuese a predicar por los pueblos la buena nueva? Se soñaba apóstol, profeta de una nueva edad de fe y de heroísmo; otro Pablo, otro Agustín, otro Bernardo, otro Vicente, arrastrando tras de sí a las muchedumbres sedientas de adoración y de consuelo, muchedumbres de hombres y de mujeres y entre éstas a Liduvina.

believe is a commitment of honor more than affection. But from now on I swear to you that I will be yours or no one's. Even though there may be someone so good or so foolish as to want to pursue me after what has happened, after that idiocy, I would reject him, no matter who he was. Think well on what you decide to do."

The soul of Ricardo was, in the meantime, a lake in torment. He didn't eat, he didn't sleep, he didn't live. He returned to his readings in mysticism and asceticism, to his studies of Catholic apologetics. He was preoccupied with the problem of his destiny. That whole long courtship, that ridiculous escapade, had been the demon's work to impede his fulfilling the destiny God Himself had prescribed for him. And what about Liduvina? Didn't he now have another destiny linked to hers? Weren't their lives now indissolubly united? And was it not written that man should not loose what God has bound? But were there not other souls linked *ab aeterno* with his, other souls whose supreme health depends on his going to preach the Gospel to all people? He dreamed of being an Apostle, prophet of a new age of faith and heroism; another Peter, another Augustine, another Bernard, another Vincent, trailing behind multitudes thirsty for worship and consolation, multitudes of men and women and among them Liduvina.

The correspondence with her continued, only now Ricardo's letters were more sermons than missives of love or remorse.

It caused Ricardo a terrible rending of the soul to write his farewell letter to Liduvina; and later he was so cowardly,

La correspondencia con ella proseguía, sólo que ahora las cartas de Ricardo eran más sermones que misivas de amor o de remordimiento.

Terribles desgarrones del alma le costó a Ricardo escribir a Liduvina la carta de despedida; y fue luego tan cobarde, tan vil, que no atreviéndose a leer la contestación de ella, la quemó sin abrirla. Ante las cenizas le palpitaba furiosamente el corazón. Quería restaurar la carta quemada, leer las quejas de la esposa; la esposa, sí, este era en nombre verdadero; de la esposa sacrificada. Pero estaba hecho; había quemado las naves. Y así era mejor, mucho mejor para ambos. Entre ellos subsistiría siempre un matrimonio espiritual. Ella sería la Beatriz de su apostolado.

VI

La vida del novicio fray Rodrigo llegó a espantar al maestro de ellos; tan excesiva era. Entregábase con un ardor insano a la oración, a la penitencia, al recogimiento y, sobre todo, al estudio. No, no era natural aquello; parecía más obra de desesperación diabólica que no de dulce confianza en la gracia de Dios y en los méritos de su Hijo humanado.

Las penitencias eran, claro, para rescatar su aventura de amor profano. Decíase que un matrimonio en que se entra por el pecado nunca puede ser fecundo en bienes espirituales. Rezaba por Liduvina y por su destino, que creía indisolublemente ligado al suyo. Sin aquella fuga providencial tal vez se hubiesen casado, marrando así uno y otro el sino que les estaba divinamente prescrito. Creíase un nuevo

so vile, that, not daring to read her answer, he burned it without opening it. Before the letter's ashes his heart beat furiously. He wanted to restore the burned letter, read the lament of his wife—wife, yes, that was the true name—of the sacrificed wife. But it was done; he had burned his bridges. And it was better like this, much better for both. Between them would always subsist a spiritual marriage. She would be the Beatrice of his apostleship.

VI

The life of the novice Brother Ricardo shocked the novice-master, it was so excessive. He delivered himself with an insane ardor to prayer, to penitence, to recollection, and most of all, to study. No, this wasn't natural; it seemed more a work of diabolic desperation than the sweet confidence in the grace of God and in the merits of his Son incarnate.

The penance was, naturally, to atone for his adventure in profane love. They say that marriage entered into through sin can never be fruitful in spiritual goods. He prayed for Liduvina and her destiny, which he believed indissolubly linked to his. Without that providential flight they might have gotten married, thereby damaging the divinely-appointed destinies of both. He believed himself a new Augustine, having passed, as the African, through carnal passion and terrestrial human love.

His brothers, the other novices, looked on him with certain suspicion and also with envy, with that petty envy that is the hidden plague of monasteries. It seemed to them

Agustín, habiendo pasado, como el africano, por experiencias de pasión carnal y del terrestre amor humano.

Sus hermanos, los demás novicios, le miraban con un cierto recelo y también con envidia, con esa triste envidia que es la plaga oculta de los conventos. Parecíales que fray Ricardo buscaba singularizarse, y que en su interior los menospreciaba. Lo cual era cierto. Le hacía sonreír de conmiseración a su simplicidad al oírles discurrir de los peligros de la carne y del pecado, de su concupiscencia. Tenían por diabólico lo que él, fray Ricardo, creía saber bien que no es sino tonto. No habían gustado la vacuidad del amor mundano.

Al maestro de novicios no acababan de convencerle los ardores de fray Ricardo. Hablando con el padre prior, le decía:

—Créame, padre, no acabo de ver claro en este fray Ricardo. Entró demasiado hecho y con malos resabios. Siempre oculta algo, no es de los que se entregan. Trata de singularizarse; se cree superior a los demás y desdeña a sus compañeros. Le entusiasman los santos más singulares y más rigurosos, pero no creo que sea para imitarlos. Es más bien, me parece, por literatura. La vida de nuestro hermano el Beato Enrique Susón hace sus delicias; pero me temo que no es sino para convertirla en materia oratoria . . .

—¡En materia oratoria la vida de Susón . . . ! —exclamó el padre prior, que pasaba por un gran orador en la orden de ellos.

—Sí, nuestro fray Ricardo se siente orador, y su vocación no es sino vocación oratoria. Acaso más. Hay puestos, hay

that Brother Ricardo wanted merely to be center-stage, and that secretly he looked down on them. Which was true. He smiled from commiseration at their simplicity when hearing them discuss the dangers of the flesh and of sin, of its concupiscence. They considered diabolic what he, Brother Ricardo, knew to be only foolishness. They hadn't tasted the emptiness of worldly love.

The fervor of Brother Ricardo did not convince the novice-master. Speaking with the Prior, he told him:

"Believe me, Father, I don't quite understand this Brother Ricardo. He came in too headstrong and with bad habits. He's always hiding something; he's not the type that gives himself wholly to this. He wants to be famous; he believes he's superior to the others and disdains his companions. He's most enthusiastic about the more singular and rigorous saints, but I don't believe it's to imitate them. It is, rather, for literature. He's most enthusiastic about the life of our brother the Beatific Enrique Susón, but I'm afraid it's only to convert it into oratory material . . ."

"The life of Susón as oratory material . . . !" the Prior exclaimed, who, himself, passed for a great orator in their Order.

"Yes, our Brother Ricardo wants to be an orator, and his vocation is none other than oratory. Maybe more. There are positions, honors, glories that from here, from the monastery, are better reached than from any other place. And I believe this lad has his sights set very high . . ."

honores, hay glorias que desde aquí, desde el convento, mejor que desde otro sitio cualquiera, se alcanzan. Y yo creo que este mozo tiene puesta su mira muy alto . . .

VII

¡Si hubiese oído la pobre Liduvina este coloquio entre el padre prior y el padre maestro de novicios!

Pero Liduvina, que había esperado a su Ricardo, cuando éste entró en el claustro, ella también, con los ojos secos y el corazón desolado, fue a enterrarse en un convento. Allí se enterraría en vida, a esperar la muerte, a la justicia eterna y al amor que sacia.

Fuese a la lejana y escondida villa de Tolviedra, colgada en un repliegue de la brava serranía, y se encerró entre las cuatro paredes de un viejo convento.

En la huerta había un ciprés, hermano del de las Ursulinas de su ciudad natal, del ciprés de sus mocedades. Y sentada al pie del árbol negro contemplaba los encendidos arreboles del ocaso, recordadizos de otros. Recreábase extrañamente en aquella triste huerta, su compañera de silencio, la mayor parte de hortaliza, con sólo raras flores mustias, que ella sola regaba. Desde allí no se veía del resto del mundo más que el cielo; el cielo, que no sufre tapias ni cancelas. A días, colábanse rumores de turbas que pasaban junto a los muros, guitarras, bandurrias y cantos de romería, y un anochecer, apoyada a la tapia, soprendió su oído, a través de ella, desliz de besos y revoloteo de suspiros rotos. Y ante estos ecos de fuera, soñaba

VII

If poor Liduvina had heard that conversation between the Prior and the novice-master!

But Liduvina, who had waited for her Ricardo when he entered in the cloister, she too, with her eyes dry and heart desolate, went and entered a convent. There she would bury herself alive, await death, eternal justice, and a love that satiates.

She went to the distant and hidden village of Tolviedra, perched on a fold of the harsh mountainside, and enclosed herself within the four walls of the old convent.

In the garden there was a cypress, cousin of the one at the Ursuline convent in her home city, of the cypress of her childhood. And sitting at the foot of the black tree she contemplated the fiery red clouds of the sunset, so like others before. Strangely, she enjoyed herself in that sad garden, her companion in silence. The greater part of the garden was dedicated to vegetables, with a few sparse, withered flowers that only she watered. From there the rest of the world could not be seen except for the sky: the sky, which suffers no walls or bars. Some days, the noise of crowds that passed near the walls, guitars, *bandurrias*, and festive songs filtered through, and one evening, leaning against the wall, she accidentally heard on the other side of the wall the slipping of kisses and the fluttering of passionate sighs. And with these echoes of the outside, she daydreamed, remembering that trip in the train along the river, yellow from the storm.

Had it been better or worse that Ricardo had sacrificed

recordando aquel viaje en tren, a lo largo del río de aguas amarillas por la tormenta.

¿Había sido mejor o había sido peor que Ricardo la sacrificase así? No quería saberlo. El hombre es egoísta siempre. ¡Oh!, ¿por qué, por qué fue estéril aquella escapatoria? Así, estéril como fue, resultaba ridícula; tenía razón Ricardo. ¡Pero si hubiese florecido, no! Si hubiese fructificado en un niño, en un hijo del amor. Entonces —pensaba Liduvina—, el amor hubiera renacido, ¡no!, se hubiese mostrado; porque ellos se querían, sí, se querían, aunque el egoísmo, la vanidad de Ricardo se empeñase en no reconocerlo. Si hubiesen tenido un hijo, Ricardo no la habría sacrificado a aquella vocación.

VIII

La fama de fray Ricardo como predicador se extendía ya por la nación toda. Decíase que había renovado los tiempos de oro de la oratoria sagrada española. Era la suya, a la vez que recojida, caliente. El gesto sobrio, la entonación pausada, la exposición metódica y clara, pero por dentro un caudal de fuego contenido.

Solía hablar de los problemas llamados del día, de la decadencia dc la fe, de la lucha entre ésta y la razón, entre la religión y la ciencia, de cuestiones sociales, del egoísmo de pobres y de ricos, de la falta de caridad y, sobre todo, de ultratumba. Cuando hablaba del amor parecía transfigurarse.

Las mujeres, sobre todo, sentían al oírle algo que a la vez que les fascinaba, subyugándolas, hacía que ante él temblasen.

her this way? She didn't want to know. Men are always selfish. Oh why, why was that escapade sterile? Now, unfruitful as it was, it ended up being ridiculous, and Ricardo would be right. But if it had flourished, he wouldn't be! If it had borne fruit in a child, a love child. Then, thought Liduvina, love would have been reborn, no, it would have shown itself; because they loved one another; yes, they cared about one another, even though egotism, Ricardo's vanity, strove to not recognize it. If they had had a child, Ricardo would not have sacrificed her for that career.

VIII

The fame of the preacher Brother Ricardo had already extended through the whole nation. They said that the golden age of Spanish sacred oratory had been revived. His oratory was at the same time recollected and fervent: the gesture temperate, the intonation deliberate, the exposition clear and methodic, but inside a flow of contained fire.

He usually spoke about the more timely problems of the day, of the decadence of faith, of the struggle between faith and reason, between religion and science, of social issues, of the selfishness of the rich and the poor, of the lack of charity, and, most of all, of the afterlife. When he spoke about love, he seemed to become transfigured.

The women, above all, felt when hearing him that something, at the same time that it fascinated them, subjugating them, made them tremble before him. They sensed something painfully secret in his ardent words.

Adivinaban algo dolorosamente secreto en sus palabras ardientes. En especial oyéndole hablar de algunos de sus temas favoritos, el de la tragedia del Paraíso cuando Eva tentó a Adán y fueron arrojados del jardín de la inocencia y que quedó guardando su puerta un arcángel con una espada de fuego que iluminaba en rojor sus alas. O la tragedia de Sansón y Dalila. Y es que en sus palabras casi nunca había consuelo, sino dolorosas ansias. Y algo de rudo y de desesperado.

Alguna vez, es cierto, su voz lloraba y como si suplicase compasión de sus oyentes. Sentíase entonces el forcejeo de un alma presa descoyuntándose en contorsiones para romper sus ligaduras. Y él, a solas, sintiéndose solo, se decía: «Sí; es el castigo de Dios por haber dejado a Liduvina, por haberla sacrificado a mi ambición. Sí, ahora lo veo claro; creí que una mujer, una familia, serían peso y estorbo a mis ensueños de gloria.» Aunque estaba solo cerraba los ojos, porque no quería ver, en lontananza, la sombra de una tiara. «No soy sino un egoísta —proseguía diciéndose—, un egoísta; he buscado el escenario que mejor se adapta a mis facultades histriónicas. ¡No he pensado más que en mí!»

Por fin, le llegó la coyuntura que en secreto más ambicionaba, la de poner a prueba su vocación. Y es que le llamaron a predicar al convento de la villa de Tolviedra.

Desde que lo supo, apenas dormía. No se lo dejaba el corazón. Y gracias que la gente no sabía el nudo que con aquel convento le ataba. Era ya un secreto para casi todos. Ahora, ahora iba a darse un espectáculo único y para ellos

Especially when hearing him speak on some of his favorite themes: the tragedy in Paradise when Eve tempted Adam and they were expelled from the garden of innocence, and an archangel with a fiery sword that illuminated the refulgence of his wings stayed to guard the entrance. Or the tragedy of Samson and Delilah. And in his words there was almost never consolation, only painful anxiety. And something primitive and desperate.

At times, it is true, his voice cried as if supplicating something from his listeners. One felt then the struggle of an imprisoned soul dislocating itself in contortions to break its bonds. And he, when alone, feeling very lonely, would say: "Yes; this is punishment from God for having left Liduvina, for having sacrificed her for my ambition. Yes, now I see it clearly; I believed that a wife, a family, would be an impediment and a stumbling block for my dreams of glory. I'm nothing but an egotist, an egotist; I have searched out the context that best adapts itself to my histrionic faculties. I haven't thought about anyone but myself!"

At last, the occasion he secretly most desired, that of putting his vocation to the test: they called him to preach in the convent of the village of Tolviedra.

From the moment he knew about it he barely slept. His heart didn't let him. And thankfully no one knew about the tie that bound him to that convent. It was unknown to almost everyone. Now a unique spectacle for them two alone would play itself out; now he would be speaking heart to heart with the fateful companion of his intimate destiny over the heads of the unknowing, astonished, and entranced

dos solos; ahora iba a hablar de corazón a corazón, en el secreto de una muchedumbre atónita y embebecida, con la fatídica compañera de su íntimo destino; ahora, iba a confesarse a ella delante de todos sin que nadie lo advirtiese; ahora iba a vencer un trance único en los anales de la oratoria cristiana, seguramente único. ¡Si supieran aquellos pobres devotos la escena del fatídico drama que allí se representaría! El cómico del apostolado sentíase en un transporte enloquecedor.

Y llegó el día.

El templo estaba rebosante de gente ansiosa de oír al predicador famoso. Habían acudido de los pueblecillos comarcanos y hasta de la capital de la provincia. El altar parecía un ascua de oro. Dentro de la cortina que detrás de las rejas velaba el coro, adivinábase una vida de recojimiento y de éxtasis. De cuando en cuando, salía de allí alguna tos perdida.

Subió fray Ricardo pausadamente al púlpito, sacó un pañuelo y se enjugó con él la frente. La ancha manga blanca del hábito le cubrió como una ala, un momento, el rostro. Paseó su mirada por el concurso y la fijó un instante en la encortinada reja del coro. Se arrodilló a rezar la salutación angélica, apoyando la frente en las dos manos, cojidas al antepecho del púlpito. La tonsura brillaba a la luz de los cirios del altar. Levantóse; sonaron algunas toses aisladas; rumor de faldas. Quedó todo luego en un silencio vivo.

Algo desusado le ocurría al predicador. Titubeaba, se repetía, deteníase a las veces, no logrando ocultar un extraño

multitude; now he would confess himself to her in front of everyone without anyone knowing; now a rare moment in the annals of Christian oratory would occur, surely without equal. If those poor devotees knew of the drama that would be played out here! The apostolic actor was in a dizzying transport.

And the day arrived.

The temple was overflowing with people anxious to hear the famous preacher. They had come from the neighboring villages and even from the capital of the province. The altar appeared as a glittering jewel. Within the curtain behind the lattice that veiled the choir loft, one could discern a life of recollection and ecstasy. Occasionally a stray cough escaped.

Brother Ricardo ascended slowly to the pulpit, took out a handkerchief, and daubed his forehead. The full white sleeve of his habit covered his face like a wing for a moment. He passed his gaze around the concourse and rested it an instant on the curtained lattice of the choir loft. He knelt to recite the angelic salutation, his forehead resting on hands that gripped the breastwork of the pulpit. His tonsure shined in the candlelight from the altar. He arose; a few isolated coughs; the rustling of skirts. Everything stilled to a vivid silence.

Something strange happened to the preacher. He stuttered, repeated himself, paused occasionally, not being able to hide a strange unease. But slowly he got hold of himself, his voice and gestures stabilized, and his words began to roll forth as a river of fire without flames.

The devoted listeners held their breaths. An ambience of

desasosiego. Pero fue poco a poco adueñándose de sí mismo, se le afirmó la voz y el gesto y empezó a rodar su palabra como un río de fuego sin llamas.

Los devotos oyentes contenían la respiración. Un ambiente de trágico misterio henchía el recinto del templo. Adivinábase algo solemne y único. No era un hombre, era el corazón humano el que hablaba. Y hablaba del amor, del amor divino. Y también del humano.

Cada uno de los que le oían sentíase arrastrado a las honduras del espíritu, a las entrañas de lo inconfesable. Aquella voz ardía.

Hablaba del amor que nos envuelve y domina cuando más lejos de él nos creemos.

Y decía:

«¡Esperar al Amor! ¡Sólo le espera el que ya le tiene dentro! Creemos abrazar su sombra, mientras él, el Amor, invisible a nuestros ojos, nos abraza y nos oprime. Cuando creemos que murió en nosotros, suele ser que habíamos muerto en él. Y luego despierta cuando el dolor le llama. Porque no se ama de veras sino después que el corazón del amante se remejió en almirez de angustia con el corazón del amado. Es el amor pasión coparticipada, es compasión, es dolor común. Vivimos de él sin percatarnos de ello, como no nos damos cuenta de vivir del aire hasta los momentos de congojoso ahogo.

«Pero es el egoísmo, hermanas y hermanos míos, es el triste y fiero amor propio el que nos ciega para no ver al Amor que nos abraza y envuelve, para no sentirle. Queremos robarle algo, no entregarnos por entero a él, y el Amor nos quiere y

tragic mystery swelled the space of the temple. One could sense something solemn and unique. It wasn't the man, it was his heart that spoke. And he spoke of love, divine love. And also of human love.

Everyone who heard him felt pulled into the interior of the spirit, to the innermost depths of the unconfessable. His voice burned.

He spoke of love that envelopes and dominates us when we believe ourselves farthest from it.

And he said:

"Wait for love! It waits only for he that already has it inside! We believe we embrace its shadow, while it, Love, invisible to our eyes, embraces us and holds us tight. When we believe that it has died within us, it is usually that we have died in it. And later it awakens when pain calls it forth. For one does not truly love except after the heart of the lover is forged together in the furnace of anguish with the heart of the beloved. Love is shared agony, it is compassion, it is common pain. We live by it without taking notice, just as we don't realize how we depend on the air until the moment of desperate suffocation.

"But it is selfishness, my brothers and sisters, it is pitiful and untamed self-love that blinds us to Love when, unbeknownst to us, it embraces and envelops us. We want to steal something from it, not deliver ourselves entirely to it, and Love wants and entirely reclaims us. We want it to be ours alone, that it surrender itself to our rash desires—to the search for our personal glory; and He, Love, Love incarnate and human, wants us to be His, entirely and only

nos reclama enteros. Queremos que sea Él nuestro, que se rinda a nuestros locos deseos, a la rebusca de nuestro personal brillo, y Él, el Amor, el Amor encarnado y humanado, quiere que seamos suyos, suyos por entero y sólo suyos. ¡Y qué pronto nos rendimos! ¡Al vernos al pie de la cuesta! Y ¿por qué nos rendimos? Por las más tristes razones —¡razones, sí!, miserables razones—, ¡por miedo al ridículo, acaso! ¡No, por algo peor, hermanas y hermanos míos! ¡Qué torpe, qué egoísta, qué mezquino, es el hombre! ¡Perdón . . . !»

Al llegar a esta palabra, que saltó como un grito desgarrado de las entrañas, la voz de fray Ricardo, que, como río de fuego sin llama, iba rodando sobre el silencio vivo del devoto auditorio, se vio cortada por el desgarrón de un sollozo que venía de detrás de la reja encortinada del coro. Hasta las llamas de los cirios del altar parecieron estremecerse al choque de fusión de aquellos dos gritos del alma. Fray Ricardo se trasmudó primero como la blanca cera de los cirios del altar. Después se le encendió el rostro como el de sus llamas; miró al vacío, dobló la cabeza sobre el pecho, se cubrió los ojos con las manos, que apenas asomaban temblorosas de sus aladas mangas blancas, y estalló a llorar entre sollozos comprimidos que se fundieron con los que del velado coro salían. Un momento espesóse aún más el silencio de la muchedumbre atónita; rompieron luego llantos, arrodillóse el predicador. Después se dispersaron los oyentes poco a poco.

Durante días y aun meses no se habló en Tolviedra, y aun fuera de ella, sino de aquel singular suceso. Y los que lo presenciaron lo recordaban después durante su vida toda.

His. And how easily we surrender, seeing ourselves at the foot of the hill! And why do we give up? For the most pitiable excuses—excuses, yes, miserable excuses—fear of ridicule, perhaps! No, for something worse, my brothers and sisters! How clumsy, how selfish, how base is man! Forgive . . . !"

Upon arriving at this word, which leapt out like a cry rent from his very bowels, the voice of Brother Ricardo—a river of fire without flame, rolling forth over the intense silence of the devout auditorium—found itself cut off by another jagged sob coming from behind the curtained bars of the choir loft. Even the flames of the candles on the altar seemed to tremble from the shock these two cries of the soul made upon fusing. Brother Ricardo paled first into the whiteness of the altar candles. Then he lit up like their flames; he gazed into the emptiness, bent his head down onto his chest, covered his eyes with his hands, which barely showed, trembling, from his winged white sleeves, and burst out crying—contained sobs that blended with those coming from the loft. For a moment the silence of the stunned multitude thickened even more, then tears burst out; the preacher fell to his knees. The listeners slowly dispersed.

During days and even months they spoke of nothing else in Tolviedra, and even outside it, than of that singular occurrence. And those who witnessed it remembered it for the rest of their lives.

It seemed to them that in the moment of the mysterious outburst the preacher was speaking in broken phrases and strange conceptual enigmas. Then later they came to know, or partly know, at least, something about what had been

Parecíales que en el momento de ocurrir el estallido del misterio iba diciendo el predicador en frases rotas y conceptuosas enigmas extraños. Más adelante llegó a saberse, o entresaberse, por lo menos, algo de lo que había habido por debajo, algo del rumor del fuego soterraño que se unió al rumor de las aguas de fuera, y con ello empezaron los más avisados a penetrar en lo que había sido la oración de fray Ricardo.

Él y ella, fray Ricardo y sor Liduvina, sintiéronse más presos del destino que cuando no los separaba más que la reja de la casona del callejón de las Ursulinas. Al abrazarse y fundirse en uno sus sollozos, fundiéronse sus corazones, cayéronseles como abrasadas vestiduras, y quedó al desnudo y descubierto el amor, que desde aquella triste fuga les había sustentado las sendas soledades.

Y desde aquel día . . .

underneath it all, something concerning the subterranean murmur of fire that united with the sound of the tears, and with that the wiser ones began to understand what exactly had been in the oratory of Brother Ricardo.

He and she, Brother Ricardo and Sister Liduvina, felt more imprisoned by destiny than when the only thing that separated them was the iron window in the alley of the Ursulines. Upon embracing and melting together in their tears, their hearts became one, their pride fell from them like burning garments, and what remained was love, naked and uncovered, which since that unfortunate escape had sustained them each in their loneliness.

And from that day on . . .

Miguel de Cervantes Saavedra
"Las bodas de Camacho"

*P*oco trecho se había alongado don Quijote cuando encontró con dos como clérigos o como estudiantes y con dos labradores que sobre cuatro bestias asnales venían caballeros. Así estudiantes como labradores cayeron en la misma admiración en que caían todos aquellos que la vez primera veían a don Quijote, y morían por saber qué hombre fuese aquel tan fuera del uso de los otros hombres.

Saludóles don Quijote, y después de saber el camino que llevaban, que era el mesmo que él hacía, les ofreció su compañía, y les pidió detuviesen el paso, porque caminaban más sus pollinas que su caballo; y para obligarlos, en breves razones les dijo quién era, y su oficio y profesión, que era de caballero andante que iba a buscar las aventuras por todas las partes del mundo. Díjoles que se llamaba de nombre propio don Quijote de la Mancha, y por el apelativo, *el Caballero de los Leones*. Todo esto para los labradores era hablarles en griego o en jerigonza; pero no para los estudiantes, que luego entendieron la flaqueza del celebro de don Quijote; pero, con todo eso, le miraban con admiración y con respecto, y uno dellos le dijo:

Miguel de Cervantes Saavedra
"The Wedding of Camacho"

*D*on Quixote had not travelled far when he was overtaken by two men that looked like students or ecclesiastics, with two farmers, all mounted on asses. They all admired (as indeed all others did that ever beheld him) what kind of a fellow Don Quixote was, seeing him make a figure so different from anything they had ever seen.

The knight saluted them, and perceiving their road lay the same way, offered them his company, entreating them however to move at an easier pace, because their asses went faster than his horse; and to engage them the more, he gave them a hint of his circumstances and profession: that he was a knight-errant travelling round the world in quest of adventures, that his proper name was Don Quixote de la Mancha, but his titular denomination, *The Knight of the Lions*. All this was Greek, or peddlar's French to the countrymen; but the students presently understood his madness. However, they looked upon him with wonderment and respect, and one of them said unto him:

"Sir Knight, if you are not fixed to any set stage, as persons of your function seldom are, let us beg the honor of your

—Si vuestra merced, señor caballero, no lleva camino determinado, como no le suelen llevar los que buscan las aventuras, vuesa merced se venga con nosotros: verá una de las mejores bodas y más ricas que hasta el día de hoy se habrán celebrado en la Mancha, ni en otras muchas leguas a la redonda.

Preguntóle don Quijote si eran de algún príncipe, que así las ponderaba.

—No son, —respondió el estudiante— sino de un labrador y una labradora, él, el más rico de toda esta tierra; y ella, la más hermosa que han visto los hombres. El aparato con que se han de hacer es estraordinario y nuevo; porque se han de celebrar en un prado que está junto al pueblo de la novia, a quien por excelencia llaman Quiteria la hermosa, y el desposado se llama Camacho el rico; ella de edad de diez y ocho años, y él de veinte y dos; ambos para en uno, aunque algunos curiosos que tienen de memoria los linajes de todo el mundo quieren decir que el de la hermosa Quiteria se aventaja al de Camacho; pero ya no se mira en esto: que las riquezas son poderosas de soldar muchas quiebras. En efecto, el tal Camacho es liberal y hásele antojado de enramar y cubrir todo el prado por arriba, de tal suerte que el sol se ha de ver en trabajo si quiere entrar a visitar las yerbas verdes de que está cubierto el suelo. Tiene asimesmo maheridas danzas, así de espadas como de cascabel menudo, que hay en su pueblo quien los repique y sacuda por estremo; de zapateadores no digo nada, que es un juicio los que tiene muñidos; pero ninguna de las cosas referidas ni otras muchas

company, and you shall be entertained with one of the finest and most sumptuous weddings that was ever seen, either in la Mancha or many leagues round it."

"The nuptials of some young prince, I presume," said Don Quixote.

"No, sir," answered the other, "but of a yeoman's son and a neighbor's daughter: he the richest in all this country, and she the fairest you ever saw. The entertainment at the wedding will be new and extraordinary: tis to be kept in a meadow near the village where the bride lives. They call her Quiteria the Fair, by reason of her beauty, and the bridegroom Camacho the Rich, on account of his wealth. They are well-matched as to age, for she draws towards eighteen, and he is about two and twenty, though some fastidious folks that have everyone's pedigrees in their heads will tell ye that the bride comes of a better family than he; but that's not minded now-a-days, for money, you know, will hide many faults. And indeed, this same Camacho is as free as a prince, and designs to spare no cost upon his wedding. He has taken a fancy to get the meadow shaded with boughs that are to cover it like an arbor so that the sun will have much ado to peep through and visit the green grass underneath. There are also provided for the diversion of the company several sorts of antics and morrice-dancers, some with swords and some with bells, for there are young fellows in his village can manage 'em cleverly. I say nothing of those that play tricks with the soles of their shoes when they dance, leaving that to the judgment of the guests. But nothing that I've told or might tell you of this wedding is like to make it

que he dejado de referir ha de hacer más memorables estas bodas, sino las que imagino que hará en ellas el despechado Basilio. Es este Basilio un zagal vecino del mesmo lugar de Quiteria, el cual tenía su casa pared y medio de la de los padres de Quiteria, de donde tomó ocasión el amor de renovar al mundo los ya olvidados amores de Píramo y Tisbe; porque Basilio se enamoró de Quiteria desde sus tiernos y primeros años, y ella fue correspondiendo a su deseo con mil honestos favores, tanto, que se contaban por entretenimiento en el pueblo los amores de los dos niños Basilio y Quiteria. Fue creciendo la edad, y acordó el padre de Quiteria de estorbar a Basilio la ordinaria entrada que en su casa tenía; y por quitarse de andar receloso y lleno de sospechas, ordenó de casar a su hija con el rico Camacho, no pareciéndolo ser bien casarla con Basilio, que no tenía tantos bienes de fortuna como de naturaleza; pues si va a decir las verdades sin invidia, él es el más ágil mancebo que conocemos, gran tirador de barra, luchador estremado y gran jugador de pelota; corre como un gamo, salta más que una cabra y birla a los bolos como por encantamiento; canta como una calandria, y toca una guitarra, que la hace hablar, y, sobre todo, juega una espada como el más pintado.

—Por esa sola gracia —dijo a esta sazón don Quijote— merecía ese mancebo no sólo casarse con la hermosa Quiteria, sino con la mesma reina Ginebra, si fuera hoy viva, a pesar de Lanzarote y de todos aquellos que estorbarlo quisieran.

—¡A mi mujer con eso! —dijo Sancho Panza, que hasta entonces había ido callando y escuchando—; la cual no quiere

so remarkable as the things which I imagine poor Basilio's despair will do. This Basilio is a young fellow that lives next door to Quiteria's father. Hence Love took occasion to give birth to an amour, like that of old between Pyramis and Thisbe; for Basilio's love grew up with him from a child, and she encouraged his passion with all the kind return that modesty could grant; insomuch, that the mutual affection of the two little ones was the common talk of the village. But as Quiteria came to years of maturity, her father began to deny Basilio the usual access to his house; and to cut off his further pretenses, declared his resolution of marrying her to Camacho, who is indeed his superior in estate, though far short of him in all other qualifications. For Basilio, to give the devil his due, is the cleverest fellow we have: he'll pitch ye a bar, wrestle, or play at tennis with the best in the country; he runs like a stag, leaps like a buck, and plays at nine-pins so well you'd think he tips 'em down by witchcraft; he sings like a lark; plays a guitar so skillfully, he even makes it speak; and to complete his perfections, he handles a sword like an expert fencer."

"For that very single qualification," said Don Quixote, "he deserves not only Quiteria the Fair but Queen Guinevere herself, were she now living, in spite of Sir Lancelot and all that would oppose it."

"Well," quoth Sancho, who had been silent, and listening all the while, "my wife us'd to tell me she would have every one marry with their match. Like to like, quoth the devil to the collier, and every sow to her own trough, as t'other saying is: as for my part, all I would have is that honest Basilio e'en

sino que cada uno case con su igual, ateniéndose al refrán que dicen «cada oveja con su pareja». Lo que yo quisiera es que ese buen Basilio, que ya me le voy aficionando, se casara con esa señora Quiteria; que buen siglo hayan y buen poso, iba a decir al revés, los que estorban que se casen los que bien se quieren.

—Si todos los que bien se quieren se hubiesen de casar —dijo don Quijote—, quitaríase la elección y jurisdicción a los padres de casar sus hijos con quien y cuando deben; y si a la voluntad de las hijas quedase escoger los maridos, tal habría que escogiese al criado de su padre, y tal al que vio pasar por la calle, a su parecer, bizarro y entonado, aunque fuese un desbaratado espadachín; que el amor y la afición con facilidad ciegan los ojos del entendimiento, tan necesarios para escoger estado, y el del matrimonio está muy a peligro de errarse, y es menester gran tiento y particular favor del cielo para acertarle. Muchas más cosas pudiera decir en esta materia, si no lo estorbara el deseo que tengo de saber si le queda más que decir al señor licenciado acerca de la historia de Basilio.

A lo que respondió el estudiante bachiller, o licenciado, como le llamó don Quijote, que:

—De todo no me queda más que decir sino que desde el punto que Basilio supo que la hermosa Quiteria se casaba con Camacho el rico, nunca más le han visto reír ni hablar razón concertada, y siempre anda pensativo y triste, hablando entre sí mismo, con que da ciertas y claras señales de que se le ha vuelto el juicio: come poco y duerme poco, y lo que come son frutas, y en lo que duerme, si duerme, es en el campo, sobre la dura tierra, como animal bruto; mira de

marry her! For methinks I have a huge liking to the young man, and so Heaven bless them together, say I, and a plague seize those that will spoil a good match between those that love one another!"

"Nay," said Don Quixote. "If marriage should be always the consequence of mutual love, what would become of the prerogative of parents and their authority over their children? If young girls might always choose their own husbands, we should have the best families intermarry with coachmen and grooms; and your heiresses would throw themselves away upon the first wild young fellows whose promising outsides appear to assure fortunes, yet all their stock consists in impudence. For the intellect, which alone should distinguish and choose in these cases as in all others, is apt to be blinded or biased by love and affection; and matrimony is so exacting and critical a point that it requires not only our own cautious management, but even the discretion of a superior power to choose right. I could dwell longer on this subject, but I long to know from the gentlemen whether he can tell us anything more of Basilio."

"All I can tell you," said the student, "is that he's in the state of all desperate lovers: since the moment he heard of this intended marriage, he has never been seen to smile or talk rationally; he is in a deep melancholy that might indeed rather be called a dozing frenzy; he talks to himself and seems out of his senses; he hardly eats or sleeps and lives like a savage in the open fields; his only sustenance a little fruit, and his only bed the hard ground; sometimes he lifts his eyes to heaven, then fixes them on the ground, and in either

cuando en cuando al cielo, y otras veces clava los ojos en la tierra, con tal embelesamiento, que no parece sino estatua vestida que el aire le mueve la ropa. En fin, él da tales muestras de tener apasionado el corazón, que tememos todos los que le conocemos que el dar el sí mañana la hermosa Quiteria ha de ser la sentencia de su muerte.

Determinaron seguir, por llegar temprano a la aldea de Quiteria. Era anochecido; pero antes que llegasen les pareció a todos que estaba delante del pueblo un cielo lleno de inumerables y resplandecientes estrellas, y cuando llegaron cerca vieron que los árboles de una enramada que a mano habían puesto a la entrada del pueblo estaban todos llenos de luminarias. No quiso entrar en el lugar don Quijote, aunque se lo pidieron así el labrador como el bachiller; pero él dio por disculpa, bastantísima a su parecer, ser costumbre de los caballeros andantes dormir por los campos y florestas antes que en los poblados, aunque fuese debajo de dorados techos; y con esto, se desvió del camino, bien contra la voluntad de Sancho.

* * *

Apenas la blanca aurora había dado lugar a que el luciente Febo con el ardor de sus calientes rayos las líquidas perlas de sus cabellos de oro enjugase, cuando don Quijote, sacudiendo la pereza de sus miembros, se puso en pie y llamó a su escudero Sancho y éste puso la silla a Rocinante y la albarda al rucio, subieron los dos, y paso ante paso se fueron entrando por la enramada.

Lo primero que se le ofreció a la vista de Sancho fue, espetado en un asador de un olmo entero, un entero novillo;

posture stands like a dressed statue whose clothing moves in the wind. In short, he is reduced to such a condition that we who are his acquaintances verily believe that the consummation of this wedding tomorrow will be attended by his death."

'Twas now pretty dark, but before they got to the village there appeared a blazing constellation, and as they approached nearer still, they found a large arbor at the entrance of the town, stuck full of lights, which burnt undisturbed by the least breeze of wind. All the persuasions and endeavors of the students and countrymen could not move Don Quixote to enter the town, urging for his reason the custom of knights-errant, who choose to lodge in fields and forests under the canopy of heaven rather than in soft beds under a gilded roof; and therefore he left them and went a little out of the road, full sore against Sancho's will.

*　*　*

Scarce had the fair Aurora given place to the refulgent Ruler of the Day, and given him time with the heat of his prevailing rays to dry the liquid pearls on his golden locks, when Don Quixote, shaking off sluggish sleep from his drowsy limbs, arose and called his squire. Thereupon Sancho saddled Rocinante and clapped his pack-saddle on Dapple's back; then both mounting, away they rode fair and softly into the arbor.

The first thing that blessed Sancho's sight there was a whole steer spitted on a large elm before a mighty fire made of a pile of wood that seemed a flaming mountain. And then

y en el fuego donde se había de asar ardía un mediano monte de leña. Contó Sancho más de sesenta zaques de más de a dos arrobas cada uno, y todos llenos, según después pareció, de generosos vinos; así había rimeros de pan blanquísimo, como los suele haber de montones de trigo en las eras; los quesos, puestos como ladrillos enrejados, formaban una muralla, y dos calderas de aceite mayores que las de un tinte servían de freír cosas de masa que con dos valientes palas las sacaban fritas y las zabullían en otra caldera de preparada miel que allí junto estaba.

Todo lo miraba Sancho Panza, y todo lo contemplaba, y de todo se aficionaba. Primero le cautivaron y rindieron el deseo las ollas, de quien él tomara de bonísima gana un mediano puchero; luego le aficionaron la voluntad los zaques; y últimamente, las frutas de sartén, si es que se podían llamar sartenes las tan orondas calderas; y así, sin poderlo sufrir ni ser en su mano hacer otra cosa, se llegó a uno de los solícitos cocineros, y con corteses y hambrientas razones le rogó le dejase mojar un mendrugo de pan en una de aquellas ollas. A lo que el cocinero respondió:

—Hermano, este día no es de aquellos sobre quien tiene jurisdicción la hambre, merced al rico Camacho. Apeaos y mirad si hay por ahí un cucharón, y espumad una gallina o dos, y buen provecho os hagan.

En tanto, pues, que esto pasaba Sancho, estaba don Quijote mirando cómo por una parte de la enramada entraban hasta doce labradores sobre doce hermosísimas yeguas, con ricos y vistosos jaeces de campo y con muchos

for drink Sancho counted above threescore skins of wine, each of which contained above two *arrobas*, and as it afterwards proved, sprightly liquor. A goodly pile of white loaves made a large rampart on the one side, and a stately wall of cheeses set up like bricks made a comely bulwark on the other. Two pans of oil, each bigger than a dyer's vat, served to fry their dough, which they lifted out with two strong peels when it was fried enough, and then they dipped them in as large a kettle of honey prepared for that purpose.

Sancho beheld all this with wonder and delight. The first temptation that captivated his senses was the goodly pots: his bowels yearned, and his mouth watered at the dainty contents. By and by he fell desperately in love with the skins of wine; and lastly, his affections were fixed on the frying pans, if such honorable kettles may accept of the name. The scent of the fried meat put him into such a commotion of spirit that he could hold out no longer, but accosting one of the busy cooks with all the smooth and hungry reasons he was master of, he begged his leave to sop a luncheon of bread in one of the pans.

"Friend," quoth the cook, "no hunger must be felt near us today (thanks to the founder). Alight, alight, man, and if thou can'st find ever a ladle there, skim out a pullet or two and much good may it do you."

While Sancho was thus employed, Don Quixote saw twelve young farmers' sons, all dressed very gaily, enter upon stately mares as richly and gaudily equipped as the country could afford, with little bells fastened to their harnesses.

cascabeles en los petrales, y todos vestidos de regocijo y fiestas; los cuales en concertado tropel, corrieron no una, sino muchas carreras por el prado, con regocijada algazara y grita, diciendo:

—¡Vivan Camacho y Quiteria, él tan rico como ella hermosa, y ella la más hermosa del mundo!

Oyendo lo cual don Quijote, dijo entre sí:

—Bien parece que éstos no han visto a mi Dulcinea del Toboso; que si la hubieran visto, ellos se fueran a la mano en las alabanzas desta su Quiteria.

De allí a poco comenzaron a entrar por diversas partes de la enramada muchas y diferentes danzas, entre los cuales venía una de espadas, y otra de doncellas hermosísimas. Hacíales el son una gaita zamorana, y ellas, llevando en los rostros y en los ojos a la honestidad y en los pies a la ligereza, se mostraban las mejores bailadoras del mundo.

Tras ésta entró otra danza de artificio y de las que llaman habladas. Era de ocho ninfas, repartidas en dos hileras: de la una hilera era guía el dios Cupido, y de la otra, el Interés; aquél adornado de alas, arco, aljaba y saetas; éste, vestido de ricas y diversas colores de oro y seda. Las ninfas que al Amor seguían traían a las espaldas, en pergamino blanco y letras grandes, escritos sus nombres. *Poesía* era el título de la primera, el de la segunda *Discreción*, el de la tercera *Buen linaje*, el de la cuarta *Valentía*. Del modo mesmo venían señaladas las que al Interés seguían: decía *Liberalidad* el título de primera, *Dádiva* el de la segunda, *Tesoro* el de la tercera y el de la cuarta *Posesión pacífica*. Delante de todos venía un castillo de madera, a quien tiraba

These in a close body made several careers up and down the meadow, merrily shouting and crying out:

"Long live Camacho and Quiteria, he as rich as she fair, and she the fairest in the world!"

"Poor ignorants," thought Don Quixote, hearing them, "you speak as you know; but had you ever seen my Dulcinea del Toboso, you would not be so lavish of your praises here."

In a little while, at several other parts of the spacious arbor entered a great number of dancers, among them some with swords, and others beautiful young maids. They danced to the music of Zamora bag-pipes; and such was the modesty of their looks and the agility of their feet that they appeared the prettiest dancers in the world.

After these came in an artificial dance or masque, consisting of eight nymphs cast into two divisions, of which Love led one and Wealth the other; one with his wings, bow, arrows and quiver; the other arrayed in several gaudy colors of gold and silk. The nymphs of Cupid's party had their names inscribed in large characters behind their backs. The first was *Poesy*, *Prudence* was the next, the third *Nobility*, and *Valor* was the fourth. Those that attended Wealth were *Liberality*, *Reward*, *Treasure*, and *Peaceable Possession*. Before them came a pageant representing a castle drawn by four savages clad in green, covered over with ivy, and grim surly vizards on their faces so to the life that they almost frightened Sancho. On the frontispiece and on every quarter of the edifice was inscribed *The Castle of Wise Reservedness*. Four expert musicians played for them on pipe and tabor.

Cupid began the dance, and after two movements he cast

cuatro salvajes, todos vestidos de yedra y de cáñamo teñido de verde, tan al natural, que por poco espantaran a Sancho. En la frontera del castillo y en todas cuatro partes de sus cuadros traía escrito: *Castillo del buen recato*. Hacíanles el son cuatro diestros tañedores de tamboril y flauta.

Comenzaba la danza Cupido, y habiendo hecho dos mudanzas, alzaba los ojos y flechaba el arco contra una doncella que se ponía entre las almenas del castillo, a la cual suerte dijo:

—Yo soy el dios poderoso
en el aire y en la tierra
y en el ancho mar undoso,
y en cuanto el abismo encierra
en su báratro espantoso.
Nunca conocí qué es miedo;
todo cuanto quiero puedo,
aunque quiera lo imposible,
y en todo lo que es posible
mando, quito, pongo y vedo.

Acabó la copla, disparó una flecha por lo alto del castillo y retiróse a su puesto. Salió luego el Interés, e hizo otras dos mudanzas; callaron los tamborinos, y él dijo:

—Soy quien puede más que Amor,
y es Amor el que me guía;
soy de la estirpe mejor
que el cielo en la tierra cría,
más conocida y mayor.
Soy el Interés, en quien
pocos suelen obrar bien,

up his eyes and bent his bow toward a maid that stood upon
the battlements of the castle, addressing himself in this
manner:

> "My name is Love, supreme my sway,
> The greatest Good and greatest Pain.
> Air, earth, and seas my power obey,
> And gods themselves must drag my chain.
> In every heart my throne I keep,
> Fear ne'er could daunt my daring soul:
> I fire the bosom of the Deep,
> And the profoundest Hell control."

Having spoken these verses, Cupid shot an arrow over the
castle and retired to his station. Then Wealth advanced and
performed two movements, after which the music stopped
and he expressed himself thus:

> "Love's my incentive and my end,
> But I'm a greater power than Love;
> Tho earthly born, I earth transcend,
> For Wealth's a blessing from above.
> Bright Maid, with me receive and bless
> The surest pledge of all success;
> Desired by all, used right by few,
> But best bestowed when graced by you."

In this manner all the persons of each party advanced and
spoke their verses, of which some were pretty and some

y obrar sin mí es gran milagro;
y cual soy te me consagro,
por siempre jamás, amén.

Retiróse el Interés, y deste modo salieron y se retiraron
todas las dos figuras de las dos escuadras, y cada uno hizo
sus mudanzas y dijo sus versos, algunos elegantes y algunos
ridículos, y luego se mezclaron todos, haciendo y deshaciendo
lazos con gentil donaire y desenvoltura; y cuando pasaba el
Amor por delante del castillo, disparaba por alto sus flechas;
pero el Interés quebraba en él alcancías doradas.

Finalmente, después de haber bailado un buen espacio, el
Interés sacó un bolsón, que parecía estar lleno de dineros, y
arrojándole al castillo, con el golpe se desencajaron las tablas
y se cayeron, dejando a la doncella descubierta y sin defensa
alguna. Llegó el Interés con las figuras de su valía, y echándola
una gran cadena de oro al cuello, mostraron prenderla,
rendirla y cautivarla; lo cual visto por el Amor y sus valedores,
hicieron ademán de quitársela; y todas las demostraciones
que hacían eran al son de los tamborinos, bailando y
danzando concertadamente. Pusiéronles en paz los salvajes,
los cuales con mucha presteza volvieron a armar y a encajar
las tablas del castillo, y la doncella se encerró en él como de
nuevo, y con esto se acabó la danza, con gran contento de
los que la miraban.

Preguntó don Quijote a una de las ninfas que quién la
había compuesto y ordenado. Respondióle que un

foolish enough. Then the two divisions joined into a very pretty country dance; and as Cupid passed by the castle he shot a flight of arrows, and Wealth battered it with golden balls.

Then drawing out a great purse that seemed full of money, Wealth threw it against the castle, the boards of which were presently disjointed and fell down, leaving the maid discovered without any defense. Thereupon Wealth immediately entered with his party, and throwing a gold chain about her neck, made a show of leading the prisoner. But then Cupid with his attendants came to her rescue; and both parties engaging were parted by the savages, who joining the boards together, enclosed the maid as before; and all was performed with measure and to the music that played all the while; and so the show ended to the great content of the spectators.

When all was over Don Quixote asked one of the nymphs who had composed the entertainment. She answered that it was a certain clergyman who lived in their town that had a rare talent that way.

"I dare lay a wager," said Don Quixote, "he was more a friend to Camacho than to Basilio, and knows better what belongs to a play than a prayerbook. He has expressed Basilio's parts and Camacho's estate very naturally in the design of your dance."

"God bless the King and Camacho, say I," quoth Sancho, who heard this.

"Well, Sancho!" said Don Quixote. "Thou art a

beneficiado de aquel pueblo, que tenía gentil caletre para semejantes invenciones.

—Yo apostaré —dijo don Quijote—, que debe de ser más amigo de Camacho que de Basilio el tal bachiller o beneficiado, y que debe de tener más de satírico que de vísperas: ¡bien ha encajado en la danza las habilidades de Basilio y las riquezas de Camacho!

Sancho Panza, que lo escuchaba todo, dijo:

—El rey es mi gallo: a Camacho me atengo.

—En fin —dijo don Quijote—, bien se parece, Sancho, que eres villano y de aquellos que dicen: «¡Viva quien vence!»

—No sé de los que soy —respondió Sancho—; pero bien sé que nunca de ollas de Basilio sacaré yo tan elegante espuma como es esta que he sacado de las de Camacho.

Cuando estaban don Quijote y Sancho en las razones referidas, se oyeron grandes voces y gran ruido, y dábanlas y causábanle los de las yeguas, que con larga carrera y grita iban a recibir a los novios, que rodeados de mil géneros de instrumentos y de invenciones, venían acompañados del cura, y de la parentela de entrambos, y de toda la gente más lucida de los lugares circunvecinos, todos vestidos de fiesta. Venía la hermosa Quiteria algo descolorida, y debía de ser de la mala noche que siempre pasan las novias en componerse para el día venidero de sus bodas. Íbanse acercando a un teatro que a un lado del prado estaba, adornado de alfombras y ramos, adonde se habían de hacer los deposorios, y de donde habían de mirar las danzas y las invenciones; y a la sazón que

white-livered rogue to change parties as thou dost; thou art like the rabble, which always cry, 'Long live the conqueror.'"

"I know not what I'm like," replied Sancho, "but this I know: when shall I ladle out such dainty skimmings of Basilio's porridge-pots? Therefore a fig for his abilities, say I."

While Don Quixote and Sancho were thus discoursing they were interrupted by a great noise of joy and acclamations raised by the horsemen, shouting and galloping to meet the young couple, who, surrounded by a thousand instruments and devices, were coming to the arbor, accompanied by the curate, their relations, and all the better sort of the neighborhood set out in their holiday clothes. However, the fair Quiteria appeared somewhat pale, probably with the ill rest which brides commonly have the night before their marriage in order to dress themselves to advantage. There was a large scaffold erected on one side of the meadow, adorned with carpets and boughs for the marriage ceremony and the more convenient prospect of the shows and entertainments. The procession was just arrived to this place when they heard a piercing outcry and a voice calling out:

"Stay! rash and hasty people, stay!"

As all turned about, they saw a person coming after them in a black coat bordered with crimson and powdered with flames of fire. On his head he wore a garland of mournful cypress and carried a large baton in his hand headed with an iron spike. As soon as he drew near they knew him to be the gallant Basilio, and the whole assembly began to fear some

llegaban al puesto, oyeron a sus espaldas grandes voces, y una que decía:

—Esperaos un poco, gente tan inconsiderada como presurosa.

A cuyas voces y palabras todos volvieron la cabeza, y vieron que las daba un hombre vestido, al parecer, de un sayo negro, jironado de carmesí a llamas. Venía coronado —como se vio luego— con una corona de funesto ciprés; en las manos traía un bastón grande. En llegando más cerca fue conocido de todos por el gallardo Basilio, y todos estuvieron suspensos, esperando en qué habían de parar sus voces y sus palabras, temiendo algún mal suceso de su venida en sazón semejante.

Llegó, en fin, cansado y sin aliento, y puesto delante de los desposados, hincando el bastón en el suelo, que tenía el cuento de una punta de acero, mudada la color, puestos los ojos en Quiteria, con voz tremente y ronca estas razones dijo:

—Bien sabes, desconocida Quiteria, que conforme a la santa ley que profesamos, que viviendo yo, tú no puedes tomar esposo; y juntamente no ignoras que, por esperar yo que el tiempo y mi diligencia mejorasen los bienes de mi fortuna, no he querido dejar de guardar el decoro que a tu honra convenía; pero tú, echando a las espaldas todas las obligaciones que debes a mi buen deseo, quieres haccr señor de lo que es mío a otro, cuyas riquezas le sirven no sólo de buena fortuna, sino de bonísima ventura. Y para que la tenga colmada, y no como yo pienso que la merece, sino como se la quieren dar los cielos, yo, por mis manos, desharé el imposible o el inconveniente que puede estorbársela,

mischief would ensue, seeing him come thus unlooked for and with such an outcry and behavior.

He came up tired and panting before the bride and bridegroom; then leaning on his baton, he fixed his eyes on Quiteria, turning pale and trembling at the same time, and with a fearful hollow voice he cried:

"Too well you know, unkind Quiteria, that by the ties of truth and law of heaven which we all revere, while I have life you cannot be married to another. You may remember too, that all the while I stayed, hoping that time and industry might better my fortune and render me a match more equal to you: I never offered to transcend the bounds of honorable love by soliciting favors to the prejudice of your virtue. But you, forgetting all the ties between us, are going now to break them and give my right to another, whose large possessions, though they cannot procure him all other blessings, I had never envied could they not have purchased you. But no more: the fates have ordained it, and I will further their design by removing this unhappy obstacle out of your way. Live, rich Camacho! Live happy with the ungrateful Quiteria many years, and let the poor, the miserable Basilio die, whose poverty has clipped the wings of his felicity and laid him in the grave!"

Saying these last words, he drew out of his supposed baton a short rapier that was concealed in it, and setting the hilt of it to the ground, he fell upon the point in such a manner that it came out all bloody at his back, the poor wretch weltering on the ground in blood.

His friends, strangely confounded by this unusual

quitándome a mí de por medio. ¡Viva, viva el rico Camacho con la ingrata Quiteria largos y felices siglos, y muera, muera el pobre Basilio, cuya pobreza cortó las alas de su dicha y le puso en la sepultura!

Y diciendo esto, asió del bastón que tenía hincado en el suelo, y quedándose la mitad dél en la tierra, mostró que servía de vaina a un mediano estoque que en él se ocultaba; y puesta la que se podía llamar empuñadura en el suelo, con ligero desenfado y determinado propósito se arrojó sobre él, y en un punto mostró la punta sangrienta a las espaldas, con la mitad del acerada cuchilla, quedando el triste bañado en su sangre y tendido en el suelo, de sus mismas armas traspasado.

Acudieron luego sus amigos a favorecerle, condolidos de su miseria y lastimosa desgracia; y dejando don Quijote a Rocinante, acudió a favorecerle y le tomó en sus brazos, y halló que aún no había espirado. Quisiéronle sacar el estoque; pero el cura, que estaba presente, fue de parecer que no se le sacasen antes de confesarle, porque el sacársele y el espirar sería todo a un tiempo. Pero volviendo un poco en sí Basilio, con voz doliente y desmayada dijo:

—Si quisieses, cruel Quiteria, darme en este último y forzoso trance la mano de esposa, aún pensaría que mi temeridad tendría desculpa, pues en ella alcancé el bien de ser tuyo.

En oyendo don Quijote la petición del herido, en altas voces dijo que Basilio pedía una cosa muy justa y puesta en razón, y además, muy hacedera, y que el señor Camacho

accident, ran to help him, and Don Quixote, forsaking Rocinante, made haste to his assistance, and taking him up in his arms, found there was still life in him. They would fain have drawn the sword out of his body but the curate urged it was not convenient till he had prepared himself for death, which would immediately attend pulling the rapier out of his body. While they were debating this point, Basilio seemed to come a little to himself, and calling on the bride, cried:

"Oh, Quiteria! Now, now, in this last and departing minute of my life, even in this dreadful agony of death, would you but vouchsafe to give me your hand, and own yourself my wife, I should think myself rewarded for the torments I endure."

Don Quixote, hearing this, cried out aloud that Basilio's demand was just and reasonable and that Señor Camacho could as honorably receive her as the worthy Basilio's widow as at her father's hands.

Camacho stood all this while strangely confounded, till at last he was prevailed on by the repeated importunities of Basilio's friends to consent that Quiteria should humor the dying man, knowing her own happiness would thereby be deferred but a few minutes longer.

The poor maid, trembling and dismayed, without speaking a word, came to poor Basilio, who lay gasping for breath with his eyes fixed in his head as if he were just expiring. She kneeled down by him, and with the most manifest signs of grief beckoned to him for his hand. Then

quedaría tan honrado recibiendo a la señora Quiteria viuda del valeroso Basilio como si la recibiera del lado de su padre.

Todo lo oía Camacho, y todo le tenía suspenso y confuso, sin saber qué hacer ni qué decir; pero las voces de los amigos de Basilio fueron tantas, pidiéndole que consintiese que Quiteria le diese la mano de esposa, que le movieron, y aun forzaron, a decir que si Quiteria quería dársela, que él se contentaba, pues todo era dilatar por un momento el cumplimiento de sus deseos.

Entonces la hermosa Quiteria, sin responder palabra alguna, turbada, al parecer triste y pesarosa, llegó donde Basilio estaba ya los ojos vueltos, el aliento corto y apresurado, murmurando entre los dientes el nombre de Quiteria. Llegó Quiteria, y puesta de rodillas, le pidió la mano por señas, y no por palabras. Desencajó los ojos Basilio, y mirándola atentamente, le dijo:

—¡Oh Quiteria, que has venido a ser piadosa a tiempo, cuando tu piedad ha de servir de cuchillo que me acabe de quitar la vida, pues ya no tengo fuerzas para llevar la gloria que me das en escogerme por tuyo. Lo que te suplico es, ¡oh fatal estrella mía!, que la mano que me pides y quieres darme no sea por cumplimiento, ni para engañarme de nuevo, sino que confieses y digas que, sin hacer fuerza tu voluntad, me la entregas y me la das como a tu legítimo esposo.

Entre estas razones se desmayaba; de modo, que todos los presentes pensaban que cada desmayo se había de llevar el alma consigo. Quiteria, toda honesta y toda vergonzosa, asiendo con su derecha mano la de Basilio, le dijo:

Basilio, opening his eyes and fixing them in a languishing posture on hers, said:

"Oh, Quiteria, your heart at last relents when your pity comes too late. Thy arms are now extended to relieve me when those of death draw me to their embraces; and they, alas! are much too strong for thine. All I desire of thee, O fatal beauty, is this: let not that fair hand deceive me now, as it has done before, but confess that what you do is free and voluntary, without constraint, or in compliance to anyone's commands. Declare me openly thy true and lawful husband."

In the midst of all this discourse he fainted away, and all the bystanders thought him gone. The poor Quiteria, with a blushing modesty, a kind of violence upon herself, took him by the hand and with a great deal of emotion said:

"No force could ever work upon my will to this degree; therefore believe it purely my own free will and inclination that I here publicly declare you my only lawful husband. Here's my hand in pledge, and I expect yours as freely in return, if your pains and this sudden accident have not yet bereft you of all sense."

"I give it to you," said Basilio, "with all the presence of mind imaginable, and here I own myself thy husband."

"And I thy wife," said she, "whether thy life be long, or whether from my arms they bear thee this instant to the grave."

While yet their hands were joined together, the tender-hearted curate, with tears in his eyes, poured on them both the nuptial blessing, beseeching Heaven at the same

—Ninguna fuerza fuera bastante a torcer mi voluntad; y así, con la más libre que tengo te doy la mano de legítima esposa, y recibo la tuya, si es que me la das de tu libre albedrío, sin que la turbe ni contraste la calamidad en que tu discurso acelerado te ha puesto.

—Sí doy —respondió Basilio—, no turbado ni confuso, sino con el claro entendimiento que el cielo quiso darme, y así me doy y me entrego por tu esposo.

—Y yo por tu esposa —respondió Quiteria—, ahora vivas largos años, ahora te lleven de mis brazos a la sepultura.

Estando, pues, asidos de las manos Basilio y Quiteria, el cura, tierno y lloroso, los echó la bendición y pidió al cielo diese buen poso al alma del nuevo desposado; el cual así como recibió la bendición, con presta ligereza se levantó en pie, y con no vista desenvoltura se sacó el estoque, a quien servía de vaina su cuerpo.

Quedaron todos los circunstantes admirados, y el cura, desatentado y atónito, acudió con ambas manos a tentar la herida, y halló que la cuchilla había pasado, no por la carne y costillas de Basilio, sino por un cañón hueco de hierro que, lleno de sangre, en aquel lugar bien acomodado tenía; preparada la sangre, según después se supo, de modo que no se helase.

Finalmente, el cura y Camacho con todos los más circunstantes se tuvieron por burlados y escarnidos. La esposa no dio muestras de pesarle de la burla; antes oyendo decir que aquel casamiento, por haber sido engañoso, no había de ser valedero, dijo que ella le confirmaba de nuevo; de lo cual coligieron todos que de consentimiento y sabiduría de los

time to have mercy on the new-married couple. As soon as the benediction was pronounced, up started Basilio briskly from the ground, and with unexpected activity whipped the sword from out of his body and caught his dear Quiteria close in his arms.

All the spectators stood amazed, and the curate, more astonished and concerned than all the rest, came with both his hands to feel the wound, and discovered that the sword had nowhere passed through the cunning Basilio's body, but only through a tin pipe full of blood artfully fitted to his body, and, as it was afterwards known, so prepared that the blood could not congeal.

In short, the curate, Camacho, and the company found they had all been egregiously imposed upon. As for the bride, she was so far from being displeased that, hearing it urged that the marriage could not stand good in law because it was fraudulent and deceitful, she publicly declared that she confirmed it again to be just and by the free consent of both parties. Camacho and his friends, judging by this that the trick was pre-meditated and that she was privy to the plot, enraged at this horrid disappointment, had recourse to a stronger argument, and, drawing their swords, set furiously on Basilio, in whose defense almost as many were immediately unsheathed. Don Quixote, swiftly mounting with his lance couched and covered with his shield, led the vanguard of Basilio's party, and falling in with the enemy, charged clear through the gross of their battalia. Sancho, who never liked any dangerous work, resolved to stand neutral, and so retired under the walls of the mighty pot whence he

dos se había trazado aquel caso; de lo que quedó Camacho
y sus valedores tan corridos, que remitieron su venganza a las
manos, y desenvainando muchas espadas, arremetieron a
Basilio, en cuyo favor en un instante se desenvainaron casi
otras tantas. Y tomando la delantera a caballo don Quijote,
con la lanza sobre el brazo y bien cubierto de su escudo, se
hacía dar lugar de todos. Sancho, a quien jamás plugieron ni
solazaron semejantes fechurías, se acogió a las tinajas, donde
había sacado su agradable espuma, pareciéndole aquel lugar
como sagrado, que había de ser tenido en respeto. Don
Quijote a grandes voces decía:

—Teneos, señores, teneos; que no es razón toméis venganza
de los agravios que el amor nos hace; y advertid que el amor
y la guerra son una misma cosa, y así como en la guerra es cosa
lícita y acostumbrada usar de ardides y estratagemas para vencer
al enemigo, así en las contiendas y competencias amorosas se
tienen por buenos los embustes y marañas que se hacen para
conseguir el fin que se desea, como no sean en menoscabo y
deshonra de la cosa amada. Quiteria era de Basilio, y Basilio
de Quiteria, por justa y favorable disposición de los cielos.
Camacho es rico, y podrá comprar su gusto cuando, donde y
como quisiere. Basilio no tiene más desta oveja, y no se la ha
de quitar alguno, por poderoso que sea; que a los dos que Dios
junta no podrá separar el hombre; y el que lo intentare, primero
ha de pasar por la punta desta lanza.

Y en esto, la blandió tan fuerte y tan diestramente, que puso
pavor en todos los que no le conocían; y tan intensamente se
fijó en la imaginación de Camacho el desdén de Quiteria, que

had got the precious skimmings, thinking it should be respected whatever side gained the battle. Don Quixote, addressing himself to Camacho's party, cried:

"Hold, Gentlemen! 'Tis not just thus with arms to redress the injuries of Love. Love and War are the same thing, and stratagems and policy are as allowable in the one as in the other. Quiteria was designed for Basilio, and he for her, by the unalterable decrees of Heaven. Camacho's riches may purchase him a bride and more content elsewhere, and those whom Heaven has joined let no man put asunder. Basilio has but this one lamb, and the lamb of his bosom: let none therefore offer to take his single delight from him, though presuming on his power; for here I solemnly declare that he who first attempts it must pass through me and this lance through him."

At which he shook his lance in the air with so much vigor and dexterity that he cast a sudden terror into those that beheld him and did not know him. In short, Don Quixote's words, the good curate's diligent mediation, together with Quiteria's inconstancy, brought Camacho to a truce; and he then discreetly considered that since Quiteria loved Basilio before marriage, 'twas probable she would love him afterwards, and that therefore he had more reason to thank heaven for so good a riddance than to repine at losing her.

This thought, improved by some other considerations, brought both parties to a fair accommodation; and Camacho, to show he did not resent the disappointment, blaming rather Quiteria's levity than Basilio's policy, invited the whole company to stay and take share of what he had provided.

se la borró de la memoria en un instante; y así, tuvieron lugar
con él las persuasiones del cura, que era varón prudente y
bien intencionado, con los cuales quedó Camacho y los de
su parcialidad pacíficos y sosegados; en señal de lo cual
volvieron las espadas a sus lugares, culpando más a la facilidad
de Quiteria que a la industria de Basilio; haciendo discurso
Camacho que si Quiteria quería bien a Basilio doncella,
también le quisiera casada, y que debía de dar gracias al cielo
más por habérsela quitado que por habérsela dado.

Consolado, pues, y pacífico Camacho y los de su mesnada,
todos los de la de Basilio se sosegaron, y el rico Camacho, por
mostrar que no sentía la burla, ni la estimaba en nada, quiso
que las fiestas pasasen adelante como si realmente se desposara;
pero no quisieron asistir a ellas Basilio ni su esposa ni secuaces,
y así, se fueron a la adela de Basilio; que también los pobres
virtuosos y discretos tienen quien los siga, honre y ampare,
como los ricos tienen quien los lisonjee y acompañe.

Lleváronse consigo a don Quijote, estimándole por
hombre de valor y de pelo en pecho. A sólo Sancho se le
escureció el alma, por verse imposibilitado de aguardar la
espléndida comida y fiestas de Camacho, que duraron hasta
la noche; y así, asenderado y triste siguió a su señor, que con
la cuadrilla de Basilio iba, y así se dejó atrás las ollas de Egipto,
aunque las llevaba en el alma; cuya ya casi consumida y
acabada espuma, que en el caldero llevaba, le representaba la
gloria y la abundancia del bien que perdía; y así, congojado
y pensativo, aunque sin hambre, sin apearse del rucio, siguió
las huellas de Rocinante.

But Basilio, whose virtues, in spite of his poverty, had secured him many friends, drew away part of the company to attend him and his bride in his town; and among the rest Don Quixote, whom they all honored as a person of extraordinary worth and bravery.

Poor Sancho followed his master with a heavy heart! He could not be reconciled to the thoughts of turning his back so soon upon the good cheer and jollity at Camacho's feast that lasted until night, and had a strange hankering after those dear flesh-pots of Egypt, which though he left behind in reality, he yet carried along with him in mind. The beloved skimmings he had, which were nigh guttled already, made him view with sorrow the almost empty kettle, the dear casket where his treasure lay. So stomaching mightily his master's defection from Camacho's feast, and very much out of humor, though he had just filled his belly, he sullenly paced on after Rocinante.

Bilingual Love Poetry from Hippocrene

Treasury of African Love Poems & Proverbs

Treasury of Arabic Love Poems, Quotations & Proverbs

Treasury of Czech Love Poems, Quotations & Proverbs

Treasury of Finnish Love Poems, Quotations & Proverbs

Treasury of French Love Poems, Quotations & Proverbs*

Treasury of German Love Poems, Quotations & Proverbs*

Treasury of Hungarian Love Poems, Quotations & Proverbs*

Treasury of Italian Love Poems, Quotations & Proverbs*

Treasury of Jewish Love Poems, Quotations & Proverbs*

Treasury of Polish Love Poems, Quotations & Proverbs*

Treasury of Roman Love Poems, Quotations & Proverbs

Treasury of Russian Love Poems, Quotations & Proverbs*

Treasury of Spanish Love Poems Quotations & Proverbs*

Treasury of Ukrainian Love Poems, Quotations & Proverbs*

* Also available as an Audio Book

HIPPOCRENE BOOKS, INC.
171 Madison Avenue
New York, NY 10016

Also available from Hippocrene . . .

Treasury of Spanish Love Poems, Quotations
& Proverbs
edited by Juan and Susan Serrano
Includes works by de la Vega, Calderon, and Gabriel Garcia
Marquez in Spanish and English.
128 pages   5 x 7 $11.95hc   0-7818-0358-6   (589)
Also available as Audiobook: 0-7818-0365-9 $12.95   (584)

Classic English Love Poems
edited by Emile Capouya
A charmingly illustrated gift edition which includes 95
classic poems of love from English writers.
130 pages   6 x 9 $17.50hc   0-7818-0572-4   (671)

Classic French Love Poems
This volume contains over 25 beautiful illustrations by
famous artist Maurice Leloir and 120 inspiring poems
translated into English from French, the language of love
itself.
130 pages   6 x 9 $17.50hc   0-7818-0573-4   (672)

Hebrew Love Poems
edited by David C. Gross
Includes 90 love lyrics from biblical times to modern day,
with illustrations by Shagra Weil.
91 pages   6 x 9 $14.95pb   0-7818-0430-2   (473)

Irish Love Poems: Dánta Grá
edited by Paula Redes
This striking collection includes illustrations by Peadar
McDaid and poems that span four centuries up to the most
modern of poets, Nuala Ni Dhomhnaill, Brendan Kennelly,
and Nobel prize winner Seamus Heaney.
146 pages   6 x 9 $17.50hc   0-7818-0396-9   (70)

Scottish Love Poems: A Personal Anthology
edited by Lady Antonia Fraser
Lady Fraser collects the loves and passions of her fellow
Scots, from Burns to Aileen Campbell Nye, into a book that
will find a way to touch everyone's heart.
253 pages   5½ X 8¼ $14.95pb   0-7818-0406-X   (482)

Treasury of Love Proverbs from Many Lands
This beautifully illustrated multicultural anthology includes
over 600 proverbs from all over the world, all on the subject
of love.
146 pages   6 x 9 $17.50hc   0-7818-0563-5   (698)

Treasury of Love Quotations from Many Lands
This charmingly illustrated, one-of-a-kind gift volume
contains over 500 quotations about love from over 50
countries and languages.
120 pages   6 x 9 $17.50hc   0-7818-0574-0   (673)